ANGELIKA SIEVERS
DER TOURISMUS IN SRI LANKA
(CEYLON)

ERDKUNDLICHES WISSEN

SCHRIFTENREIHE FÜR FORSCHUNG UND PRAXIS
HERAUSGEGEBEN VON ADOLF LEIDLMAIR,
EMIL MEYNEN UND ERNST PLEWE

HEFT 62

GEOGRAPHISCHE ZEITSCHRIFT · BEIHEFTE

FRANZ STEINER VERLAG GMBH WIESBADEN
1983

DER TOURISMUS IN SRI LANKA (CEYLON)

EIN SOZIALGEOGRAPHISCHER BEITRAG
ZUM TOURISMUSPHÄNOMEN
IN TROPISCHEN ENTWICKLUNGSLÄNDERN,
INSBESONDERE IN SÜDASIEN

VON

ANGELIKA SIEVERS

MIT 25 ABBILDUNGEN

FRANZ STEINER VERLAG GMBH WIESBADEN
1983

Zuschriften, die die Schriftenreihe „Erdkundliches Wissen" betreffen, erbeten an:
Prof. Dr. E. Meynen, Langenbergweg 82, D-5300 Bonn 2
oder
Prof. Dr. E. Plewe, Roonstr. 16, D-6900 Heidelberg
oder
Prof. Dr. A. Leidlmair, Kaponsweg 17, A-6065 Thaur/Tirol

CIP-Kurztitelaufnahme der Deutschen Bibliothek

Sievers, Angelika:
Der Tourismus in Sri Lanka (Ceylon) : e. sozialgeograph. Beitr. zum Tourismusphänomen in trop. Entwicklungsländern, insbesondere in Südasien / von Angelika Sievers. – Wiesbaden : Steiner, 1983

(Erdkundliches Wissen; H. 62)
(Geographische Zeitschrift : Beih.)
ISBN 3-515-03889-2

NE: 1. GT

Alle Rechte vorbehalten
Ohne ausdrückliche Genehmigung des Verlages ist es nicht gestattet, das Werk oder einzelne Teile daraus nachzudrucken oder auf photomechanischem Weg (Photokopie, Mikrokopie usw.) zu vervielfältigen. Gedruckt mit Unterstützung der Deutschen Forschungsgemeinschaft.
© 1983 by Franz Steiner Verlag GmbH, Wiesbaden.
Printed in Germany.

INHALT

Verzeichnis der Abbildungen im Text VI
Verzeichnis der Tabellen im Text VII
Contents IX
Einführung 1

1. Ferntourismus in tropischen Entwicklungsländern 3

    1.1. Entwicklung und Größenordnung 3
    1.2. Ausdehnung und Bewertung 8
    1.3. Kategorien ferntouristischer Zielräume 11
    1.4. Verhältnis von Ferntourismus zu Inlandstourismus 12

2. Ferntourismus in Sri Lanka 16

    2.1. Entwicklung 16
    2.1.1. Kolonialzeitlicher Tourismus 17
    2.1.2. Quantitative Entwicklung 18
    2.1.3. Qualitative Entwicklung 29
    2.1.4. Ökonomische Entwicklung 35
    2.2. Die Jahreszeitenproblematik 41
    2.3. Die innovative Bedeutung des Ferntourismus 43
    2.4. Der Inlandstourismus in Relation zum Ferntourismus 48

3. Regionale Strukturen und Prozesse des ceylonesischen Tourismus 56

    3.1. Der Großraum Colombo 61
    3.1.1. Der Durchgangscharakter der Metropole 65
    3.1.2. Die stadtnahen Strände 69

    3.2. Die Strandregion an der Westküste um Negombo 71

    3.3. Die Strandregion an der Südwestküste 75

    3.4. Die Strandregion an der Südküste 83

    3.5. Die Strandregionen an der Ostküste 85
    3.5.1. Raum Trincomalee 86
    3.5.2. Die Passekudah-Bucht bei Kalkudah 89

    3.6. Erholungsräume im Gebirge 91
    3.6.1. Das Bergland von Kandy als potentieller Erholungsraum 91
    3.6.2. Kolonialzeitliche Höhenluftkurorte im Tee-
    hochland: Das Beispiel Nuwara Eliya in Zeit-
    alter des Ferntourismus 98

    3.7. Die alten Kulturzentren der Trockenzone als
    Pilger- und Studienziele 102

    3.8. Nationalparks im Spannungsfeld von ökologischem
    Gleichgewicht und Tourismus 107

4. Perspektiven: Sri Lankas touristische Entwicklung im Vergleich zu
den anderen südasiatischen Zielgebieten 111

Zusammenfassung 124

Summary 129

Schrifttum 134

ABBILDUNGSVERZEICHNIS

zu Seite:

Abb. 1 – Ferntourismus in den Tropen: Zielgebiete 1979 4
Abb. 2 – Sri Lanka: Regionale Verbreitung des Tourismus 14
Abb. 3 – Regionale Verbreitung des Ferntourismus in Sri Lanka:
Touristenorte und Rundreiserouten 15
Abb. 4 – Entwicklung und Prognosen des internationalen Tourismus
in Sri Lanka (1961–1984) 20
Abb. 5 – Entwicklung des internationalen Tourismus in Sri Lanka:
Tagesgäste (1961 ff.) 20
Abb. 6 – Entwicklung des internationalen Tourismus in Sri Lanka:
Touristenankünfte nach Herkunftsländern und – kontinenten
(1965–70–75–77) 21
Abb. 7 – Entwicklung des internationalen Tourismus in Sri Lanka:
Touristenankünfte aus ausgewählten Herkunftsländern
(1961 ff.) 23
Abb. 8 – Sri Lanka: Entwicklung des deutschen Tourismusanteils
(B.R. Deutschland) (1961 ff.) 24
Abb. 9 – Entwicklung des internationalen Tourismus in Sri Lanka unter
Berücksichtigung der indischen Besucher (1961 ff.) 25
Abb. 10 – Relation von Touristenankünften zu – nächten und durch-
schnittliche Aufenthaltsdauer in Sri Lanka (1961 ff.) 26
Abb. 11 – Saisonalität des internationalen Tourismus in Sri Lanka
(1977–78) 40
Abb. 12 – Jahreszeitliche Verteilung der Touristen ausgew. Herkunftsländer 62
Abb. 13 – Sri Lanka: Regionale Hotelzimmerauslastung in Relation zur
internationalen Touristen – Aufenthaltsdauer (Nächte 1977) 62
Abb. 14 – Touristische Infrastruktur von Colombo 66
Abb. 15 – Touristische Infrastruktur von Negombo (Westküste) 72
Abb. 16 – Touristische Infrastruktur von Beruwala – Bentota
(Südwestküste) 78
Abb. 17 – Touristische Infrastruktur von Hikkaduwa (Südwestküste) 79
Abb. 18 – Regionale Verbreitung des Ferntourismus an der Südküste ... 82
Abb. 19 – Regionale Verbreitung des Ferntourismus an der Trincomalee-
Küste (Ostküste) 87
Abb. 20 – Touristische Infrastruktur von Nilaveli (Ostküste) 88
Abb. 21 – Touristische Infrastruktur von Kalkudah-Passekudah 89
Abb. 22 – Touristische Infrastruktur von Kandy und Umgebung 92
Abb. 23 – Touristische Infrastruktur von Nuwara Eliya 99
Abb. 24 – Touristische Infrastruktur der Ruinenregion Anuradhapura .. 103
Abb. 25 – Touristische Infrastruktur der Ruinenregion Polonnaruwa 104

TABELLENVERZEICHNIS

Tab. 1:	Teilnahme am Tourismus 1980	1
Tab. 2:	Entwicklung des Tourismus in den Tropen (ausgewählte Beispiele)	5
Tab. 3:	Größenordnung des Tourismus in den Tropen 1979	5
Tab. 4:	Touristeneinnahmen in ausgewählten tropischen Ländern 1979	7
Tab. 5:	Die wichtigsten Märkte (Herkunftsgebiete) tropischer Zielgebiete 1979	10
Tab. 6:	Entwicklung des internationalen Tourismus in Ceylon/Sri Lanka 1961 ff.	19
Tab. 7:	Touristenankünfte nach ausgewählten Herkunftsländern und -kontinenten	27
Tab. 8:	Direkte Beschäftigung in der Touristik 1972, 1975, 1980	37
Tab. 9:	Mittlere tägliche Anzahl der Sonnenscheinstunden nach Monaten (1962–1971)	43
Tab. 10:	Quantitative Entwicklung der Beherbergungsbetriebe 1965 ff.	46
Tab. 11:	Inländischer Tourismus: Anzahl der Touristenübernachtungen 1966 ff.	50
Tab. 12:	Internationale Touristenübernachtungen in klassifizierten Beherbergungsbetrieben nach Regionen und Monaten 1980	58
Tab. 13:	Kapazität der klassifizierten Beherbergungsbetriebe (Zimmer) nach Regionen ind Jahren 1968 ff.	60
Tab. 14:	Belegungsraten in klassifizierten Beherbergungsbetrieben nach Regionen und Monaten 1980	64
Tab. 15:	In- und ausländische Besucher im Botanischen Garten von Peradeniya 1973–1979	94
Tab. 16:	In- und ausländische Besucher im Botanischen Garten von Peradeniya nach Monaten 1979	94
Tab. 17:	Indien: Internationale Besucherankünfte	112
Tab. 18:	Thailand: Internationale Besucherankünfte	117
Tab. 19:	Philippinen: Internationale Besucherankünfte	119

CONTENTS

List of figures	VI
List of tables	VII
Introduction	1
1. Interregional Tourism in Tropical Developing Countries	3
1.1. Growth and scale	3
1.2. Extent and evaluation	8
1.3. Classification of interregional tourist regions	11
1.4. Relationship of interregional to domestic tourism	12
2. Interregional Tourism in Sri Lanka	16
2.1. Developments	16
2.1.1. Colonial tourism	17
2.1.2. Growth in quantity	18
2.1.3. Growth in quality	29
2.1.4. Economic growth	35
2.2. Seasonality problems	41
2.3. Innovations and interregional tourism	43
2.4. Relationship of interregional to domestic tourism	48
3. Regional Patterns and Processes of Tourism in Sri Lanka	56
3.1. Greater Colombo Region	61
3.1.1. The transit character of metropolitan Colombo	65
3.1.2. Suburban beaches	69
3.2. Negombo West Coast Beach Region	71
3.3. Southwest Coast Beach Region	75
3.4. South Coast Beach Region	83
3.5. East Coast Beach Regions	85
3.5.1. Trincomalee Region	86
3.5.2. Passekudah Bay of Kalkudah Region	89
3.6. Highland Resort Regions	91
3.6.1. The Kandyan Hills as a potential holiday region	91
3.6.2. Colonial Hill Stations of the Tea Highlands: a case study of Nuwara Eliya in times of interregional tourism	98
3.7. Dry Zone Centres of Ancient Civilization as pilgrim and cultural tourist destinations	102
3.8. National Parks: conflict between tourism and ecological balance	107
4. Perspectives: Sri Lankan Tourist Developments in comparison to the other South Asia Tourist Destinations	111

Summaries: in German 124
            in English 129
Bibliography 134

EINFÜHRUNG

Die Zunahme von Freizeit, einhergehend mit wachsendem Einkommen und damit einem höheren Lebensstandard gerade auch der Massen von Arbeitnehmern, mit höherem Bildungsstand und besseren Verkehrsmöglichkeiten (Auto, Düsenmaschinen) hat den Tourismus zu einem bedeutenden Sozial-, Wirtschafts- und Bildungsfaktor gemacht. Über den auch weiterhin unbestritten dominierenden Inlands- und grenzüberschreitenden Tourismus (engl. intra-regional) hinaus hat der weltweite, Meere und Kontinente überspannende Ferntourismus (engl. inter-regional T.) in den letzten zwei Jahrzehnten große Bedeutung gewonnen. Er beträgt immerhin schätzungsweise 20 % des Auslandstourismus (engl. international T.). Die Hälfte bis zu zwei Drittel davon entfallen auf die Tropen bzw. Länder der Dritten Welt:

Tab. 1: Teilnahme am Tourismus	1980[+]
Touristen (Ankünfte) insgesamt	1.800 Mio.
davon: Inlandstouristen (Domestic T.)	1.500 Mio.
Auslandstouristen (International T.)	295 Mio.
davon: Überseetouristen	60 Mio.
davon: Tropentouristen	(33 bis) 42 Mio.

[+] Internationale Schätzungen. In Klammer unsere engere Berechnung für 1980 im Sinne von Tabelle 3 und Abb. 1.

Quellen: H. Robinson 1979, JUOTO- bzw. WTO-Statistiken

Der Ferntourismus spielt also, quantitativ gesehen, eine durchaus bescheidene Rolle und dies gilt insonderheit für die Tropenräume. Der Weltanteil der Tropen am internationalen Tourismus beträgt schätzungsweise nur 10 bis 14 %. Trotzdem: die sozioökonomische Bedeutung und ihre Auswirkungen auf die natürliche und soziokulturelle Umwelt sind im Laufe der beiden letzten Jahrzehnte von zunehmender Relevanz in vielen Entwicklungsländern geworden, die die Planung beeinflußt, wenn auch unterschiedlich stark. Dieser Tropentourismus mißt umso mehr, als ein Binnentourismus wie in den Industrieländern in den Tropen nur in wenigen Ländern nennenswert entwickelt ist[1].

Im Folgenden soll eines der südasiatischen Länder, die Insel Sri Lanka, bis 1973 unter dem Namen Ceylon bekannt, dargestellt werden. Zunächst im Rahmen der Ferntourismus-Problematik in den Tropen, um den Stellenwert Sri Lankas besser beurteilen zu können, dann im nationalen Rahmen und schließlich schwerpunkthaft in regionaler Differenzierung der touristischen Strukturen. Es handelt sich dabei um ein Land, das die Verfasserin seit mehr als fünfundzwanzig Jahren während einer ganzen Reihe jeweils mehrmonatiger Aufenthalte insbesondere in seinen vielfältigen sozioökonomischen Fragestellungen studiert, seine diesbezüglichen Einwicklungen

[1] Die Kategorie des nationalen Pilgertourismus sei hier zunächst ausgeklammert (s.S. 51ff.)

verfolgt und darüber in vielen Publikationen berichtet hat. 1969, bei einem neuerlichen Besuch nach mehrjähriger Abwesenheit, waren die allerersten wenigen modernen Hoteleinrichtungen erstellt bzw. im Bau, weitere in Planung. So scheinen am Ende des ersten Jahrzehnts eines modernen Touristikprozesses die Voraussetzungen gegeben, die Entwicklung und Strukturmerkmale des ceylonesischen Tourismus, seine innovative Bedeutung und seine recht differenzierten regionalen Muster zu analysieren. Dies soll sowohl unter Berücksichtigung seiner touristischen Entwicklung während der spätkolonialen und frühen nachkolonialen Zeit geschehen, die die Verfasserin beobachten konnte, als auch seiner konkurrierenden Stellung als Touristenland innerhalb der übrigen südasiatischen Touristikregionen, mit denen sie ebenfalls über längere Zeiträume hin in gezielten Vergleichen zu Sri Lanka vertraut geworden ist[2]. Chancen und Hemmnisse des ceylonesischen Tourismus allgemein und in seiner regionalen Differenzierung herauszustellen, ist ein wesentliches Ziel dieser Studie.

Die Methoden zur Erfassung der quantitativen und qualitativen Relevanz des Tourismus müssen vielseitig und von unterschiedlicher Wertigkeit sein. Die quantitative Meßbarkeit (amtliche Statistiken, Befragungsergebnisse) ist zwar ein wichtiges methodisches Ziel, aber häufig von zweifelhaftem Wert, auch im intraregionalen Vergleich — besonders in Ländern der Dritten Welt. Statistische Daten sollten stets analysiert, aber nicht überbewertet werden. Um so wichtigere Ergänzungen sind deshalb: Beobachtung, Kartierung und gezielte Befragung. Die Autorin hat auf diese Weise sämtliche touristisch relevanten Räume Sri Lankas strukturell erfassen können.

Die Feldforschungen für diese Thematik wurden dankenswerterweise wiederum von der Deutschen Forschungsgemeinschaft gefördert. Im Lande selbst erfreute sich die Verfasserin mannigfaltiger Unterstützung. An erster Stelle sei als wichtigstem Gesprächspartner dem Generaldirektor des Ceylon Tourist Board, Mr. H. M. S. Samaranayake, für seine ständige Gesprächsbereitschaft und mannigfache Hilfen, insbesondere auch Kontaktherstellung gedankt. Ohne die Diskussions- und Hilfsbereitschaft der vielen Hotelmanager und Behördenvertreter „vor Ort" sowie der Vertreter in- und ausländischer Touristikunternehmen wäre eine so detaillierte regionale Differenzierung der Tourismusproblematik nicht möglich gewesen. Nicht zuletzt sei wie bei meinen früheren Ceylonforschungen der Botschaft der Bundesrepublik Deutschland in Colombo für vielfältige jahrzehntelange Unterstützung gedankt.

Die Reinschrift des Manuskriptes und die Reinzeichnungen nach meinen Entwürfen wurden von Mitarbeiterinnen im Fachbereich Sozial- und Kulturwissenschaften an der Universität Osnabrück, Abt. Vechta, Frau Marianne Baumgart und Frau Silvia Schlarmann, dankenswerterweise besorgt. Dem Verlag Franz Steiner, Wiesbaden, der 1964 meine große Ceylonmonographie herausbrachte, den Herausgebern der Beihefte zur GZ und erneut der DFG, die den Druck förderte, sei auch an dieser Stelle für ihr Interesse gedankt.

[2] H. Robinson (1976) subsumiert unverständlicherweise Südasien unter „Tourismus in der restlichen Welt", während er Lateinamerika und Afrika eigene Abschnitte widmet.

1. FERNTOURISMUS IN TROPISCHEN ENTWICKLUNGSLÄNDERN

Die eingangs genannten Rahmenbedingungen müssen im Hinblick auf tropische Räume und ihre touristischen Entwicklungsphasen noch um zusätzliche Voraussetzungen ergänzt werden, die erst eine Ausweitung des touristischen Angebotes im größeren Umfange ermöglicht haben:

— der Einsatz von Düsenmaschinen seit Beginn der sechziger Jahre und damit das Zusammenschrumpfen der Distanzferne
— der Einsatz von Chartermaschinen und damit der organisierte Chartertourismus seit Ende der sechziger Jahre
— folglich die Abnahme der hohen Anreisekosten bei vergleichsweise preisgünstigen Aufenthaltskosten.

Das hat die große Zunahme touristischer Nachfrage ergeben, wenn auch meist nicht im Sinne eines Massentourismus wie in Europa und Nordamerika.

1.1. ENTWICKLUNG UND GRÖSSENORDNUNG

Die quantitative Entwicklung des Tourismus tropischer Räume über die beiden letzten touristisch bedeutsamen Jahrzehnte hinweg zu erfassen, ist angesichts der Ungleichheit, begrifflichen Vieldeutigkeit und anderer Mängel der Statistik auf internationaler Ebene, vor allem bei vielen Entwicklungsländern exakt nicht möglich. Manche von ihnen fehlen in den WTO-Statistiken. Wo möglich und wichtig, wurde deshalb auf Regionalstatistiken eines früheren Jahres zurückgegriffen.
Die *Entwicklung* einiger touristisch relevanter tropischer Länder sei beispielhaft dargestellt (s. Tab. 2 auf Seite 5).
Die Zahlen stellen weithin, vor allem in den sechziger Jahren, grobe Annäherungswerte dar und sind regional nicht ohne weiteres vergleichbar. Eine *Analyse* ergibt für die Gesamtheit der Tropenbeispiele einen ersten bemerkenswerten Anstieg der Besucherzahlen, im Durchschnitt eine Verdoppelung zu Beginn der sechziger Jahre mit dem Einsatz von Düsenmaschinen. Zwischen 1965 und 1970 erfolgte zum Teil sogar eine Verdreifachung, vor allem in den neuerdings von Europäern bevorzugten afrikanischen und südasiatischen Zielgebieten. Im letzten Jahrzehnt hat diese Entwicklung sich weithin fortgesetzt, wobei die touristikinfrastrukturellen Maßnahmen und der zunehmende Einsatz von Chartermaschinen wichtige Voraussetzungen liefern. Trotzdem ergeben sich regionale Unterschiede von Kontinent zu Kontinent, aber auch von Land zu Land. Die Entwicklung ist nicht überall kontinuierlich verlaufen. Rückschläge sind vor allem innenpolitisch verursacht (z.B. Unruhen in Ceylon 1971, in Malaysia 1969, in Uganda seit 1971), aber auch in weltpolitischen Krisensituationen und nationalen wirtschaftlichen Schwierigkeiten

Abb. 1: Ferntourismus in den Tropen
Zielgebiete 1979

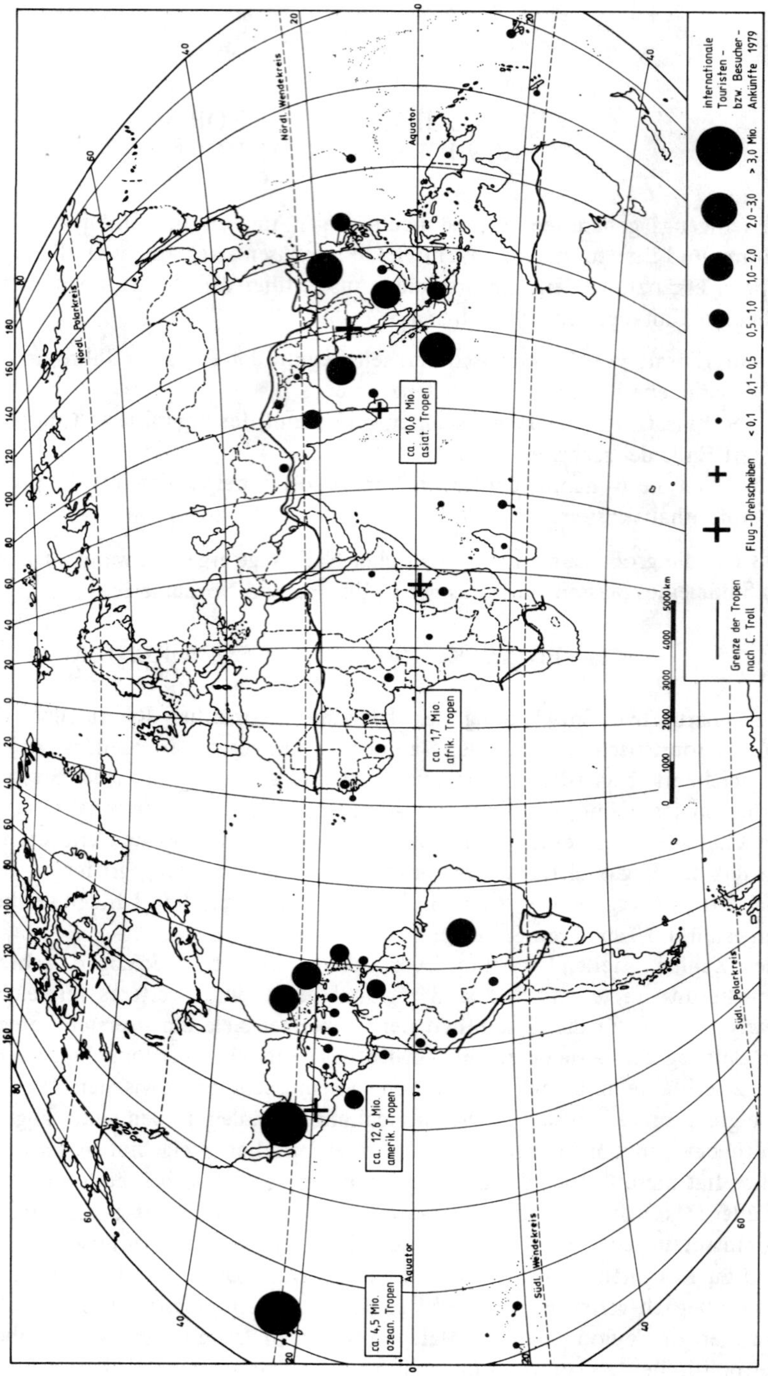

Quelle: WTO Statistik (1981)

zu suchen (wie in Großbritannien und den USA als wichtigen Herkunftsländern).
Die Ferntourismusindustrie reagiert auf endogene und exogene Faktoren sehr empfindlich.

Tab. 2: Entwicklung des Tourismus in den Tropen (ausgewählte Beispiele)

		1960+	1965	1970	1975	1979
Internat. Besucher/Touristen in 1000						
1. in *Lateinamerika*:						
Mexiko	rd.	800	1 199	2 250	3 218	4 142
Jamaika	rd.	70	189	309	553	427
Peru		.		79	134	296	336
Brasilien		.		103	194	518	1 082
2. in *Afrika*:						
Senegal		.	.	.	129	198
Elfenbeinküste		.	.	45	109	199
Kenia		36	81	344	352	383
Tansania		7,5	8	rd. 55	.	383
3. in *Südasien*:						
SRI LANKA	rd.	17	20	46	103	250
Thailand	rd.	120	225	629	1 180	1 591
Hongkong	rd.	253	407	927	1 301	2 213
Malaysia	rd.	20	23	76++	1 183	1 416
4. in *Ozeanien*:						
Frz. Polynesien	rd.	10 (1958)	.	49	105	101
Fiji	rd.	12 (1958)	.	110	rd.150	189

+ meist Schätzung
++ Auswirkung von Unruhen 1969 (1971: 765 000)

Quellen: U. N. Statistical Yearbook 1966–1978/79, WTO-Statistics 1975, vol. 29 (1977) und 1978/79, vol. 33 (1981), Clement 1961, TOT-Statist. 1963ff., CTB-Statist. 1967ff.

Eine Übersicht über die *quantitative Größenordnung* des internationalen Tourismus ergibt für die tropischen Räume folgendes Bild:

Tab. 3: Größenordnung des Tourismus in den Tropen (1979)

Zielgebiet:	Internationale Besucher/Touristen in 1000:
1. *Lateinamerikanische Tropen*	rd. 12.600
davon:	
1.1. Mexiko	4.142
1.2. Karibische Inseln	3.451
1.3. Bahamas	1.129
1.4. Peru	336
1.5. Brasilien	1.082

Zielgebiet:	Internationale Besucher/Touristen in 1000:
2. *Afrikanische Tropen* davon:	rd. 1.700
2.1. Ostafrika	1.013
2.2. Westafrika	687
3. *Asiatische Tropen* davon:	rd. 10.600
3.1. Indien	765
3.2. SRI LANKA	250
3.3. Thailand	1.591
3.4. Singapur	2.247
3.5. Malaysia	1.416
3.6. Hongkong	2.213
4. *Ozeanische Tropen* davon:	rd. 4.500
4.1. Hawaii	3.961
4.2. Frz. Polynesien	101
4.3. Fiji	189
Tropen-Tourismus insgesamt	rd. 29,4 Mio.

Quelle: Nach World Tourism Statistics (WTO) 1978–1979, vol. 33 (1981) errechnet. Die statistischen Angaben stellen auch hier freilich nur Annäherungswerte dar und sind mit Vorbehalt zu werten (unterschiedliche Erhebung und Definitionen). Unsere Berechnung faßt den Tropentourismus enger als die in Tabelle 1 genannte Schätzung. Vergleiche auch Abb. 1: Ferntourismus in den Tropen: Zielgebiete.

Die regionale *Analyse* hat es mit sehr unterschiedlichen Zahlengrößen zu tun (s.a. Abb. 1). Die lateinamerikanischen Tropen führen vor den südasiatischen, die in den letzten Jahren beträchtlich aufgeholt haben (Tab. 2); die afrikanischen Zielräume stehen dahinter sehr zurück. Unter den Ländern überragt Mexiko alle übrigen Gebiete um ein Zwei- bis fast Dreifaches. Als Begründung sind die engen wirtschaftlichen Verflechtungen mit dem mächtigen US-amerikanischen Nachbarn (84 % aller Touristen) zu nennen, die den Touristenbegriff verwässern — Verbindung von Tourismus weithin mit „Business", außerdem der starke Wochenend-Grenzverkehr.
Es folgen dann bemerkenswerterweise die Stadtregionen Singapur und Hongkong, für die die Verbindung von Tourismus mit Business in ähnlicher Weise gilt, hier in ihrer Funktion als bedeutende Umschlagplätze zwischen den Ballungsräumen von Ost und West. Das größte Luftkreuz Südostasiens, Bangkok, wirkt sich für Thailand aus. An den hohen Zahlenwerten für Malaysia ist der starke zwischenstaatliche Verkehr beteiligt, also weithin kein echter Tourismus. Die Karibikinseln (Westindien) können nur als Gesamtheit Thailand und Malaysia übertreffen. Immerhin: die Touristenzahlen Jamaikas und Puerto Ricos haben eine Größenordnung wie

Brasilien (wo sich auch Tourismus und Geschäft vermischen) und übertreffen das touristisch bedeutendste tropenafrikanische Zielgebiet Kenia. Sri Lanka gehört zu den zahlenmäßig kleinsten, freilich ausgesprochenen Ferienregionen, vergleichbar der Elfenbeinküste, Franz. Polynesien (Tahiti u.a.), weiteren Südsee-Inseln und den meisten kleineren Karibikinseln.

Doch die zahlenmäßige Größenordnung sagt über das Gewicht des Tourismus nicht alles aus. Seine *sozioökonomische Bedeutung* in diesen Ländern und Regionen geht quer durch die oben genannten Größengruppierungen. Gerade wirtschaftlich einseitig exportorientierte Länder ohne eine derartige wirtschaftliche Magnetfunktion wie Mexiko, Singapur, Hongkong erfahren die Tourismuswirtschaft als einen bedeutenden Wirtschaftsfaktor, vor allem als einen wichtigen Devisenbringer. Auch muß über die absoluten statistischen Werte hinaus, nämlich die auf Besucher bzw. Touristen bezogenen Touristeneinnahmen, deren Relation zur Einwohnerzahl gewichtet werden.

Tab. 4: Touristeneinnahmen in ausgewählten tropischen Ländern 1979 in Mio. U.S.$ in Relation zu Einwohnerzahl und Flächengröße

	Mio. U.S.$ (pro Kopf)	Einwohner	km²	E/km²
1. in *Lateinamerika*:				
Mexiko	4 410,9 (61,3)	71,9 Mio.	1 972 547	36,5
Jamaika	194,3 (88,3)	2,2	10 991	199,2
Peru	66,8 (11,3)	17,8	1 285 216	13,8
Brasilien	131,9 (1,1)	123,0	8 511 965	14,5
2. in *Afrika*:				
Senegal	66,8 (11,7)	5,7	196 192	28,9
Kenia	138,2 (8,4)	16,4	582 646	28,2
Tansania	15,0 (0,8)	18,0	945 087	19,0
3. in *Südasien*:				
SRI LANKA	78,2 (5,3)	14,7	65 610	224,7
Thailand	549,2 (11,8)	46,5	514 000	90,4
Hongkong	1 110,1 (236,2)	4,7	1 045	4521,5
Malaysia	39,5 (2,9)	13,4	329 749	40,8
4. in *Ozeanien*:				
Frz. Polynesien	65,5 (467,8)	0,14	3 941	34,9
Fiji	99,6 (166)	0,6	18 272	33,9

Quellen: World Tourism (WTO) Statistics 1978–1979, vol. 33 (1981) und Fischer Weltalmanach 1982. Die pro-Kopf-Einnahmen aus dem Tourismus wurden errechnet, wobei auch wieder berücksichtigt werden muß, daß die Daten nicht ohne weiteres vergleichbar sind.

Die Vorbehalte gegenüber den statistischen Angaben gelten auch hier. Eine *Analyse* ergibt, daß die außerordentlich große Spannweite der Touristeneinnahmen auch bei Berücksichtigung der Relation zur Einwohnerzahl der tropischen Zielländer auf unterschiedliche Berechnungsgrundlagen zurückzuführen ist und Vergleiche erschwert. Mit diesem Vorbehalt ist folgendes beachtenswert:

- Mexiko, Singapur und Hongkong stehen aus unterschiedlichen Gründen weit an der Spitze
- Jamaika, Malaysia und Thailand folgen mit Abstand ebenfalls aus unterschiedlichen Gründen: Jamaika als traditionelle, überwiegend US-amerikanische Ferieninsel, Thailand mit Bangkok als Luftkreuz mehr ein Umschlagplatz denn ein Ferienland, Malaysia mit der Ferieninsel Penang, vor allem aber starkem intraregionalen Verkehr (Singapur!)
- Kenia, die Elfenbeinküste, Sri Lanka, selbst Südsee-Inseln als ausgesprochene Ferien-Zielländer bleiben quantitativ weit dahinter zurück.

1.2. AUSDEHNUNG UND BEWERTUNG

Die geographische Verbreitung tropischer Zielgebiete zeigt deutliche Schwerpunkte, die auf unterschiedliche natürliche wie kulturelle Potentiale schließen lassen, aber auch auf infrastrukturelle Ausstattung, relative politische Stabilität und günstige Verkehrsverbindungen wie Charter und ähnliches, um nur die wichtigsten zu nennen (s.Abb. 1: Ferntourismus in den Tropen — Zielgebiete).
Die stärkste Konzentration tropischer Zielgebiete befindet sich im *mittelamerikanisch-karibischen Raum*, dessen wichtigste Märkte die beiden nördlichen Nachbarn USA und Kanada sind, vergleichbar in gewissem Sinne mit der engen Bindung zwischen nordwest- und mitteleuropäischen Märkten und dem mediterranen, freilich eindeutig s u b tropischen Zielraum. Die Streuung über den mittelamerikanisch-karibischen Raum ist stark, von den Bahamas und den Inseln unter dem Winde bis nach Mexiko, letzteres ein Magnet aus vielerlei, vor allem aus Handelsgründen, während die übrigen mittelamerikanischen Staaten, selbst Guatemala, weit dahinter zurücktreten. In der Karibik im engeren Sinne ist bislang Jamaika weitaus führend.
Im *südasiatischen Raum* ist die Konzentration angesichts der geographischen Ausdehnung nicht so bemerkenswert. Der indische Subkontinent zeigt eine gewisse punktuelle Streuung touristischer Zielgebiete: die alten Kulturzentren in der indogangetischen Ebene und in Südindien, Nepal und Kaschmir, vor allem Sri Lanka und die Malediven als echte Erholungs-Zielgebiete. Die größte touristische Konzentration weisen aber südostasiatische Länder auf und zwar relativ gleich stark: die beiden bedeutenden Handels- und Verkehrsschnittpunkte auf dem Weg nach Ostasien, Hongkong und Singapur, dann Malaysia und Thailand, wobei sie ein lebhafter Austausch über die nahen Grenzen kennzeichnet, also nicht immer ein echter Ferntourismus. In Malaysia ist dieser eindeutig auf die westlich vorgelagerte Insel Penang beschränkt, die früher schon ein beliebtes Ferienziel der Kolonialbriten war. In der

sehr weitläufigen indonesischen Inselwelt ist es trotz peripherer Lage zu den Märkten gelungen, Bali zu erschließen (Südasien ausführlicher in Abschnitt 4, Seite 111ff.).

Die *afrikanischen Tropen* weisen vergleichsweise nur wenige Konzentrationen auf: am stärksten noch in Ostafrika, wo die kenianisch-tansanischen Küstenzonen und die Nationalparks des Hochlandes mit ihrem Reichtum an Wild und großartigen kontrastreichen Landschaftsbildern ihresgleichen suchen (Steppe, Vulkane, Grabenbrüche, Seen); sehr punktuell hingegen und auf französische Initiative zurückzuführen die touristische Erschließung der Elfenbeinküste (Nähe von Abidjan), der Senegalküste, der Beninküste. Das infrastrukturell bereits in den sechziger Jahren für afrikanische Verhältnisse gut entwickelte Uganda (wildreiche Nationalparks, Victoria-See mit sumpfreicher Umgebung, kontrastreiche Landschaften) stagniert touristisch infolge der innenpolitischen Wirren, ein Beweis der hohen Bedeutung politischer Stabilität für touristisches Wachstum. Was den amerikanischen und asiatischen Tropen gegenüber als touristischer Magnet in Schwarzafrika fehlt, sind buchtenreiche, gegliederte Küsten und Inseln. Afrikanische Landschaften sind binnenwärts ausgerichtet, durch ungeheure Weite gekennzeichnet und entziehen sich damit dem leichten touristischen Zugang.

Das zeichnet den größten insularen Tropenraum, die *Südsee-Inselwelt* aus, die touristisch gesehen ihre Zukunft noch vor sich hat, wenn nämlich der zur Zeit expandierende große japanische Touristenmarkt dies relativ nahe Zielgebiet ebenso entdeckt haben wird wie die Amerikaner. Wenn irgendwo in den Tropen „Traumferien" noch möglich sind, so am ehesten hier. Ihre quantitative Bedeutung, gemessen an karibischen Inseln, an Sri Lanka, Kenia und anderen bedeutenden Ferncharter-Zielen, ist angesichts der peripheren Lage zu den europäischen und nordamerikanischen Märkten wegen ihrer hohen Anziehungskraft erstaunlich groß („paradiesische Inseln": Inselzauber mit landschaftlicher und sozio-kultureller Vielfalt, randtropisches Passatklima).

Zusammenfassend ist festzustellen, daß ausgesprochene Ferienregionen sich innerhalb der Tropen am ehesten in überschaubaren Räumen, vor allem auf Inseln entwickeln können, wie die Fülle von ferntouristisch entwickelten Inselbeispielen beweist.

Soweit die Ausdehnung tropischer Touristikräume aus internationaler Sicht, wo der nordamerikanische Markt eine entscheidende Rolle für die skizzierte Rangfolge (Mexiko, Karibik, aber auch auf den pazifischen Inseln) spielt (ca. 50 % 1976). Aus deutscher Sicht sieht die Gewichtung anders aus und zwar durchaus nicht etwa nur eine distanzbedingte quantitative Bewertung. Der südasiatische Raum (vor allem Thailand/Bangkok, Hongkong, Indien, Sri Lanka, Singapur) steht in der Gunst der deutschen Touristen (und der übrigen Flugreisenden) v o r Schwarzafrika (vor allem Kenia), Mexiko und der Karibik[3]. Entwicklung, Wachstum und Größenordnung der

---

[3] Nach Luftverkehr 1975 (Stuttgart/Mainz 1976), WTO-Statistik vol. 29 − 1975 (1977), vgl. auch Achilles 1977, 330.

touristischen Zielräume sind nämlich von der Nachfrage der *Märkte* (Herkunfts-, Quellgebiete) abhängig und dies um so mehr, als die t r o p i s c h e n Zielräume (Entwicklungsländer) in erster Linie und häufig genug fast ausschließlich vom internationalen Markt, ja von sehr fernen hochindustrialisierten Märkten leben (Südasien — Europa, Afrika — Europa, Südsee — Nordamerika). Distanz, Handelsbeziehungen, nachwirkende kolonialzeitliche Bindungen spielen eine Rolle. Die letzten Jahre zeigen ein kaum verändertes Bild, machen aber zwei bemerkenswerte Tendenzen unter den Herkunftsländern deutlich: eine kontinuierliche Abnahme britischer Touristen als Folge wirtschaftlicher Schwierigkeiten und eine Zunahme japanischer Touristen aufgrund einer Neuorientierung im Freizeitverhalten. Einige ausgewählte Beispiele:

Tab. 5: Die wichtigsten Märkte (Herkunftsgebiete) tropischer Zielgebiete 1979

1. in den lateinamerikanischen Tropen:
   1.1. Mexiko: 1. 141.801 Touristen aus 1. USA 83 %, 2. Kanada 4 %, 3. Guatemala 3 %
   1.2. Jamaika: 426.540 Besucher aus 1. USA 66 %, 2. Kanada 18 %, 3. Großbritannien 4 %

2. in den afrikanischen Tropen:
   2.1. Kenia: 383.070 T. aus 1. B.R. Deutschland 18 %, 2. Großbritannien 15 %, 3. USA 9 %, 4. Schweiz 7 %, 5. Italien 5 %
   2.2. Elfenbeinküste: 198 900 T. aus 1. Frankreich 40 %, 2. afrik. Ländern 34 %, 3. B.R. Deutschland 7 %, 4. Italien 5 %

3. in den südasiatischen Tropen:
   3.1. Thailand: 1.591.473 B. aus 1. Malaysia 16 %, 2. Japan 13 %, 3. Großbritannien 8 %, 4. USA 7 %, 5. B.R. Deutschland 6 %
   3.2. SRI LANKA: 250.164 B. aus 1. B.R. Deutschland 20 %, 2. Frankreich 12 %, 3. Indien 11 %, 4. Skandinavien 9 %, 5. Großbritannien 7 %

4. in Ozeanien:
   4.1. Franz. Polynesien: 101 194 B. aus 1. USA 45 %, 2. Australien 8 %, 3. Kanada 6 %, 4. Japan 5 %

Quelle: World Tourism (WTO) Statistics, vol. 33, 1978—1979 (1981)

Eines der mit den Herkunftsländern der Touristen bzw. Besucher eng zusammenhängenden Probleme ist das der *Saisonalität* im tropischen Ferntourismus. Für den klimatischen Charakter tropischer Zielgebiete ist vom touristischen Standpunkt entscheidend, daß sie nicht nur „immer warm" (bzw. heiß) sind — was der Tourist in seine Auswahlüberlegungen fest einkalkuliert — sondern auch weitgehend trocken bzw. sonnig, worüber der Durchschnittstourist wenig konkrete Vorstellungen hat: die Tatsache ausgeprägter Regen- und Trockenzeiten in den wechselfeuchten Tropen oder des täglichen Witterungsverlaufes in den immerfeuchten Tropen. Der klimatischen Saisonalität bzw. dem hygrisch bedingten Jahreszeitenklima der Tropen steht häufig der Wunsch der Touristen aus den nördlichen Industrieländern gegenüber, die kalten und regen- oder schneereichen Wintermonate für einen Urlaub in tropischer Wärme und Sonne zu nutzen. Doch nicht alle tropischen Regionen erfüllen auch den zweiten Wunsch ständig: Sonne statt Regen im Nordwinter wie etwa Teile Monsunasiens (Bali, Ostküsten von Sri Lanka, Malaysia, Thailand), die passatischen Südsee-Inseln, die Hochlandteile Mexikos. Sonnensicherheit, Beständigkeit ist zumeist auf die tropischen „Winter"monate beschränkt.

Die unterschiedlichen Saisongegebenheiten, das gelegentliche Auseinanderklaffen von Wunsch und Realität: dem Nordwinter zu entfliehen in eine ungetrübt warme bzw. heiße tropische Ferienregion — dies muß bedacht werden. Aber auch, daß tropische Regenzeiten nur gelegentlich Dauerregen oder Unwetter, meist aber kurze, stark schüttende Gewitterschauer und Schwüle mit sonnigen Intervallen, freilich auch verhangenen Himmel bei Schwüle bringen und „als Vorzug" üppig grüne Landschaftsbilder zur Folge haben, so wie in den immerfeuchten Tropen. Die Fülle tropischer Klimate ist eines der wichtigsten Kriterien für eine Differenzierung tropischer Touristikregionen.

1.3. KATEGORIEN FERNTOURISTISCHER ZIELRÄUME

Die bisherigen Typisierungsversuche sind im europäischen Raum unternommen worden (z.B. Ruppert/Maier 1969, Williams/Zelinsky 1970, H. Robinson 1976). Sie weisen noch manche Mängel auf und können im Blick auf ferntouristische tropische Zielräume nicht befriedigen. Begriffe wie Heilbad, Kurort, Seebad, Sommerfrische oder gar Wintersportzentrum bedingen ganz andere Strukturen, haben andere Entwicklungsprozesse durchgemacht als dies unter den Voraussetzungen der Tropenräume möglich ist. Auch der saisonale Aspekt (Ruppert/Maier 1969) kann keine Typisierung oder kategoriale Aufgliederung erbringen, so wichtig er auch für die Tropen selbst ist (Niederschlags- statt Temperaturjahreszeiten).

Unter den in den Tropen herrschenden natürlichen und soziokulturellen Rahmenbedingungen scheinen uns folgende raumrelevante funktionale *Kategorien* die jüngst entstandenen punktuell und weit gestreuten Touristikgebiete zu kennzeichnen:

1. Küsten- bzw. Strandregionen mit vorwiegend Bade- und Wassersportfunktionen (Beispiele: mexikanische Küsten, karibische Inseln, südasiatische Inseln wie Sri Lanka, Malediven, Penang, Bali u.a., Golf von Thailand, west- und ostafrikanische Küsten, Südsee-Inseln)
2. Tierreservate, Natur- bzw. Nationalparks mit Safari-Funktion (Beispiel: ostafrikanische Savannen)
3. Gebirgsregionen, landschaftliche Anziehungspunkte wie Seen, Täler, Wasserfälle, Vegetationsstufen („scenic resorts/areas")
   mit vorwiegend Bergsteiger- oder Wanderfunktion — mit „Höhenstationen" („hill stations") = in begrenztem Sinn: Höhenluft- oder Klimakurorte —
   (Einige Beispiele: in Indien, Darjeeling, Ootacamund-Nilgiris, Kaschmir, Bergland von Sri Lanka, Cameroon Highlands in West-Malaysia; Baguio auf den Philippinen; mexikanische und peruanische Kordilleren; Vulkanlandschaften Ostafrikas)
4. Bildungsreiseziele mit vorwiegend kunst- und ethno-kulturgeschichtlicher Funktion, charakterisiert häufig durch Rundreisen mit ständig wechselnden Tageszielen

(Beispiele: Ziele in Mexiko, Peru, Indien, Thailand)
5. Urbane Zentren, die Fernreisende anzuziehen vermögen dank attraktiver Einkaufsfunktion zusätzlich zur Befriedigung von Kunst-, ethnischen und kulturellen Interessen
(Beispiele: vor allem in den unter 4 genannten Ländern, besonders in Mexiko und Indien; Singapur, Bangkok und Hongkong als bedeutende Verkehrsstützpunkte).

Angesichts des überwiegend f e r n touristischen und damit internationalen Charakters in den tropischen Zielräumen werden bei den Reisen, ob individuell organisiert oder als Reiseangebote von Reiseveranstaltern, sehr häufig *Kombinationen* der fünf genannten Kategorien zusammengestellt bzw. angeboten und zwar häufig in zweifacher Hinsicht:

1. funktional: Erholungsreise (z.B. Kategorie 1 oder 3) kombiniert mit Bildungsreise (z.B. Kategorie 4 oder 5) und
2. regional: die moderne Luftverkehrsinfrastruktur ermöglicht den „Sprung" von einem Land ins andere und zwar oft genug von einem Kulturbereich in den anderen (z.B. Brasilien — Peru, Thailand — Indien). Das raumrelevante natürliche und soziokulturelle Angebot, geographisch meist durchaus weiträumig verteilt, verdichtet sich somit zu einer Fülle von Möglichkeiten, die auf die Masse der Ferntouristen eine besondere Faszination ausüben — eine nicht immer ratsame Verlockung.

1.4. VERHÄLTNIS VON FERNTOURISMUS ZU INLANDSTOURISMUS

Während der Inlandstourismus in den Industrieländern des Westens und Japans, aber auch in den europäisch besiedelten Neuländern der Südhemisphäre die weitaus beherrschende Rolle im Gesamttourismus spielt (65–80%)[4], tritt er in den Tropenländern aus historischen und soziokulturellen Gründen in den Hintergrund bzw. ist kaum existent. Hier muß also sehr differenziert werden. Die WTO-Statistik hat den Inlandstourismus (Domestic Tourism) zum ersten Mal in die Ausgabe von 1974/75 aufgenommen, aber nur sehr lückenhaft, d.h. mehr oder weniger auf jene oben genannte Kategorie von Ländern begrenzt, wenn auch für eine Reihe von Tropenländern entsprechende, freilich mangelhafte Statistiken vorliegen (z.B. Mexiko, Sri Lanka).
Als ein bedeutender Wirtschaftsfaktor im Sinne einer westlich geprägten, hochorganisierten Fremdenverkehrswirtschaft (Grötzbach 1981), die von den Sozialleistungen Urlaub und Kur abhängt, kann ein Inlandstourismus in Entwicklungsländern so lange nicht gelten wie die Masse ihrer Menschen am Rande des Existenzminimums lebt und auch nicht über jenen Bildungsgrad verfügt, der Bedürfnisse wie Urlaub,

[4] Dabei liegt die BR. Deutschland mit nur 37.7 % Inlandstouristen weit unten (1980, Reiseanalyse des Studienkreises f. Tourismus). Noch 1966 waren es 64 %. Die siebziger Jahre sind durch eine ständige Abnahme der deutschen Inlandsreisenden gekennzeichnet.

Freizeitgestaltung, Reisen weckt (s.a. Gruber 1979). Trotzdem ist der Inlandstourismus in vielen Tropenländern ein sehr bemerkenswertes und beständiges, d.h. regelmäßig wiederkehrendes Phänomen. In den weiter entwickelten Ländern Lateinamerikas, vor allem in Brasilien und Mexiko (Müller/Susewind 1979), hat sich über die westlich (spanisch-portugiesisch) orientierte Oberschicht hinaus eine sozioökonomisch so kapitalkräftige Mittelschicht herausgebildet, daß — vom Prestigedenken gefördert — Urlaubsreisen in die heimischen modernen Seebäder und Bildungsreisen in die alten Kulturzentren insbesondere in den sommerlichen Ferienmonaten und zu den christlichen Feiertagen wie Ostern und Weihnachten bei einem großen Angebot preisgünstiger Hotels und Bungalows möglich geworden sind (Sozialtourismus). Entsprechend werden auch die touristischen infrastrukturellen Einrichtungen in den neuen Touristikzentren, z.B. Cancun an der Karibikküste Mexikos (Gormsen 1979) geplant. In Südostasien hat die chinesische Mittel- und Oberschicht wenn auch sehr kurzfristige Urlaubsgewohnheiten entwickelt, z.B. die Urlaubswoche um das chinesische Neujahrsfest herum, die sich in der touristischen Infrastruktur auswirken (z.B. Malaysia, Thailand, Philippinen, s.a. G.W.S. Robinson 1972). Weiterhin ist es bemerkenswert, daß Ansätze zu einem Inlandstourismus in Ländern mit kolonialer Vergangenheit zu finden sind, wo das Beispiel der im Lande lebenden Europäer dem Inlandstourismus Prestigecharakter verlieh (z.B. Höhenstationen). Er ist freilich auf eine sehr schmale Oberschicht, die „Intelligenz", beschränkt (s.a. Dress 1979).
Eines der wichtigsten Verkehrsphänomene in orientalischen Ländern ist der *Pilgerverkehr* zu ganz bestimmten Zeiten entsprechend den Traditionen der jeweiligen Religionsgemeinschaften. In Indien gilt die Trockenzeit als große Pilgersaison, besonders die Monate Dezember bis Februar, in denen sich große Massen buchstäblich mit Sack und Pack in Bewegung setzen, d.h. in Anbetracht der subkontinentalen Entfernungen meist mit Bahn und Bus über Wochen hinweg (Sievers 1970, Deffontaines 1948, Sopher 1968, Bhardwaj 1973). Pilgerquartiere, -heime, -hotels, -küchen und -Restaurants sind Phänomene eines Pilgertourismus, der den Inlandstourismus in solchen Ländern — auch Sri Lanka, s. S. 51 ff. — bestimmt, ohne statistisch erfaßt zu sein.

Abb. 2: Sri Lanka: Regionale Verbreitung des Tourismus

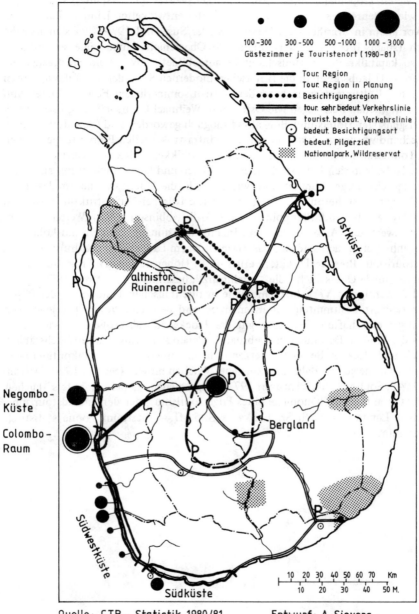

Abb. 3: **Regionale Verbreitung des Ferntourismus in Sri Lanka:**
Touristenorte und Rundreiserouten

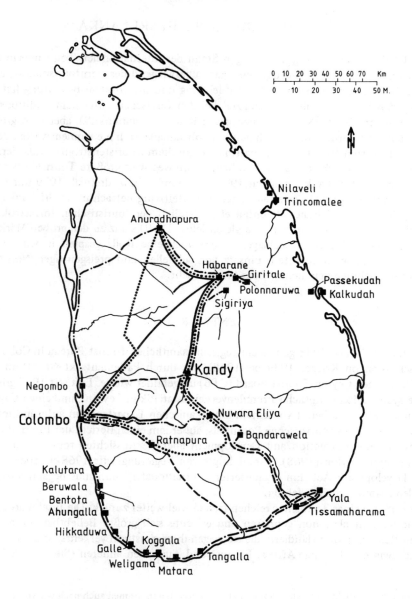

Entwurf: A. Sievers
Quelle: Anh. verschied. Touristik-Unterlagen

2. FERNTOURISMUS IN SRI LANKA

Der Überblick über den gegenwärtigen Stand des internationalen Tourismus in den tropischen Ländern — und das heißt ganz überwiegend des Ferntourismus —, über seine Entwicklung, geographische Ausdehnung und quantitative Bedeutung hat gezeigt, daß Sri Lanka als Touristenziel bei den Deutschen unter dem traditionsreichen Namen CEYLON[5] zwar einen guten Klang („Trauminsel"), aber kein großes Gewicht im internationalen Rahmen hat: ob Jamaika (o h n e nennenswerten deutschen Touristenstrom) oder Kenia (m i t deutschem Touristenstrom) — als Ferienziele haben beide über das letzte Jahrzehnt hinweg weit größere Touristenmengen angezogen als Sri Lanka, nämlich 1976 noch fünf — bzw. dreimal, 1979 nur noch ein einhalbmal so viel. Zweifellos steckt, mittelfristig betrachtet, in Sri Lanka ein viel größeres touristisches Potential einschließlich der touristischen Infrastruktur, als der bisherige internationale Vergleich lehrt. Die Distanz zu den großen Märkten mag in den sechziger bis siebziger Jahren noch eine Rolle gespielt haben, sie ist heute jedoch bei vermehrtem Einsatz von schnellen und preisgünstigen Nonstop-Chartermaschinen kein hemmender Faktor mehr.

2.1. ENTWICKLUNG

Bereits 1937 bzw. 1948 gab es ein regierungsamtliches Tourist Bureau in Colombo (geschlossen im Kriege: 1939 bis 1948), das durch Parlamentsakt Nr. 10 im Mai 1966 in einen Ceylon Tourist Board (CTB) umgebildet wurde. Erst seit 1967 gibt es eine systematische amtliche Fremdenverkehrsstatistik in Ceylon[6] und einen Ceylon Tourism Plan, erarbeitet von einem amerikanischen Expertenteam aufgrund intensiver Studien des touristischen Potentials, außerdem einen Bericht der International Bank for Reconstruction and Development über die Aussichten touristischer Entwicklung in Ceylon (1968). Darauf folgte von Regierungsseite 1968 ein erster Tourist Development Act. Ein organisierter internationaler Tourismus begann also erst in den späten sechziger Jahren.

Die Anfänge eines Tourismus reichen freilich viel weiter zurück. Die Insel wurde seit frühester Zeit als schön gepriesen und erfreute sich großer Beliebtheit unter den alten Reisenden und Händlern, die sie wegen ihrer günstigen verkehrsgeographischen Lage zwischen Europa, Afrika, Fernost und Australien anliefen (Sievers 1964, 29

---

[5] Bis 1973 amtlich als Ceylon bezeichnet und unter diesem Namen auch nach wie vor populär. Entsprechend werden beide Namen gebraucht.
[6] Erst ab 1967 in der Verantwortung des CTB unter Berücksichtigung der U.N.-Definition, vorher vom Dept. of Census and Statistics nicht zuverlässig veröffentlicht (1937). Im Statistical Abstract 1967–68 ist zum erstenmal ein Abschnitt Tourismus aufgeführt.

f.). Innerhalb der Tropen gehört Sri Lanka zweifellos zu den Ländern, die am frühesten bekannt und gerühmt wurden.

2.1.1. Kolonialzeitlicher Tourismus

Die Touristen, besser: Besucher kamen als Angehörige des britischen Commonwealth in dies „Juwel in der britischen Krone". Sie kamen als Verwandte und Freunde von Kolonialbeamten, Kaufleuten, Plantagenbesitzern und -angestellten mit dem *Schiff* für längere Zeit als heute üblich auf Besuch. Sie kamen auch als Schiffsreisende zwischen Großbritannien und Australien oder Fernost (z.B. Hongkong, Singapur, Brit. Malaya) und waren damit Tagesbesucher, die dann in Scharen das Fortviertel und den orientalischen Basar, die Pettah, bevölkerten und die nach Mt. Lavinia an den Strand hinausfuhren (südlicher Vorort von Colombo, 11 km) oder bei längerem Hafenaufenthalt sogar nach Kandy ins Bergland hinauffuhren, um einen Eindruck von der tropischen Üppigkeit und Schönheit der Insel und der Liebenswürdigkeit ihrer Menschen zu erhalten und den Zahntempel, das große Heiligtum der buddhistischen Welt, zu besuchen.

In der Kolonialzeit entstand mit der Zunahme von Kolonialbeamten-, Handels- und Plantagenfamilien ein begrenzter *Inlandstourismus* nach abgewandeltem heimatlichem Muster. Dieser Inlandstourismus übertrug sich allmählich auch auf die ceylonesische Oberschicht und zwar aus Prestigegründen, nicht aus Erholungs- geschweige denn klimatischem Bedürfnis. So entstanden wie überall in den kolonialen Tropen im Hochland Höhenluftkurorte (Hill Stations) inmitten der besten Teeanbaugebiete, Nuwara Eliya (rd. 1900 m hoch) und Bandarawela (1200 m hoch) mit Hotels, Pensionen, Cottages im britischen Stil (Näheres S. 98 ff.). Und so entwickelten sich als einzige Strandhotels frühzeitig das Mt. Lavinia Hotel vor den Toren Colombos und das Coral Garden Hotel in Hikkaduwa nördlich von Galle, mit Korallengärten um die vorgelagerten Inselriffe herum als touristische Attraktion. Während der Schulferien vor allem im Hochland, an den Wochenenden vor allem am Südwestküstenstrand herrschten dort und hier Hochsaison bzw. Hochbetrieb. Mit dem Weggang der Kolonialeuropäer war diese europäische Form des Inlandstourismus zunächst verschwunden, um gegenwärtig, wenn auch aus finanziellen Gründen zögernd in den Ferntourismus-Regionen wieder Fuß zu fassen.

Die ältesten *Hotelbauten* Sri Lankas unterstreichen die alten Schwerpunkte, die Zentren wirtschaftlicher und touristischer Funktionen des europäischen Kolonialherrn:

— Grand Oriental Hotel („G.O.H.") in Colombo 1862 (?); zuerst 1837 als Militärbaracke erbaut
— (New) Oriental Hotel in Galle 1785, also bereits in holländischer Zeit (vorher Armeehauptquartier); als *New* Oriental Hotel 1865
— Mt. Lavinia Hotel (einst „Grand Hotel") 11 km südlich Colombo, zuerst 1826 als Gouv.-Residenz erbaut
— Galle Face Hotel in Colombo 1864

- Queen's Hotel in Kandy vor 1875
- Grand Hotel in Nuwara Eliya 1892; zuerst als Gouv.-Residenz um 1830 erbaut
- Hill Club mit Hotel 1876 oder 1877 in Nuwara Eliya
- St. Andrews Hotel in Nuwara Eliya um 1900

Die *Gründungsdaten* dieser ältesten und traditionsreichen Hotels der britischen Kolonialzeit — zwischen 1850 und 1900 etwa — sind nicht zufällig und finden Parallelen in anderen damals wie heute bedeutenden Schnittpunkten des Asien-Verkehrs: das heute wohl berühmteste *Oriental* Hotel, 1887 erbaut, steht am Menamstrom in Bangkok und hat die Zeichen der Touristikepoche besser erkannt als die Namensschwestern in Sri Lanka und das Raffles Hotel in Singapur, 1886 erbaut, das erst in den allerletzten Jahren trotz äußerer und innerer Traditionsbeharrung den Anschluß an die moderne Touristik gewonnen hat. Wenn man in den ceylonesischen kolonialzeitlichen Chroniken nachforscht, ergeben sich übereinstimmende Gründungsmotive. Die bauliche Substanz entstammt in den damals wichtigsten Hafenstädten Militärbauten innerhalb des Festungsbereichs („Fort") am Hafen (Colombo, Galle) oder Gouverneursresidenzen in reizvoller, erholsamer Lage (Mt. Lavinia, Nuwara Eliya — Näheres in den regionalen Abschnitten). Die touristische Motivation gründete sich auf die kolonial-bzw. handelswirtschaftliche Blütezeit, die sich im Ausbau der Häfen, im Wachstum der Handelsschiffahrt und im beginnenden Tourismus — Geschäftsreisende, Besuchsreisende, Transitreisende zwischen Europa und Ostasien bzw. Australien/Ozeanien — dokumentieren.

Das locker über die ganze Insel verteilte Netz von *Rest Houses* (Rasthäuser), schlichten säulengetragenen Veranda-Bungalows mit zwei und mehr Schlafräumen und Eßraum, oft malerisch gelegen, war für die dienstreisenden Kolonialbeamten erbaut und diente späterhin auch touristischen Bedürfnissen. Sie stellen bis auf den heutigen Tag in weiten Teilen des Landes die einzige Unterkunftsmöglichkeit dar, einst in bestem Zustand, heute vielfach heruntergekommen und nur an einigen touristischen Brennpunkten zu anspruchsvolleren Kleinhotels umgebaut (gutes Beispiel: Sigiriya).

2.1.2. Quantitative Entwicklung

Die Entwicklung des i n t e r n a t i o n a l e n Tourismus in Sri Lanka stellt sich in zwei deutlich unterschiedenen Phasen dar:

- die Phase der eben gekennzeichneten *spätkolonialen bis frühunabhängigen Zeit*, in der der Schiffs- und Flugverkehr der Vor-Jet-Zeit bei beträchtlicher Entfernung von den europäischer und australasiatischen Märkten nur überwiegend britischen bzw. Commenwealth-Individualreiseverkehr zuließen, und
- die *gegen Ende der sechziger Jahre* mit der Entwicklung von Düsenmaschinen einsetzende Phase des zahlenmäßig kontinuierlich anwachsenden internationalen *Gruppen- und Individualtourismus*, ermöglicht durch verkürzte Flugzeiten, Nonstopflüge, Chartermaschinen mit entsprechend preiswerten Flugkosten und schließlich dank der verkehrsgünstigen Lagebeziehungen die Einrichtung eines

vergleichsweise bescheidenen touristischen Luftkreuzes[7] auf dem internationalen Flughafen von Colombo (in Katunayaka bei Negombo) mit Anschluß-, d.h. Kombinationsmöglichkeiten nach Trivandrum/Südindien, auf die Malediven, nach Kathmandu/Nepal, Bangkok/Thailand (am bedeutendsten) und Singapur — Bali.

Tab. 6: *Entwicklung des internationalen Tourismus in Ceylon/Sri Lanka 1961–1980*

	Besucherzahlen+ in 1000 (abgerundet)					
Jahr	Internat. Besucher	davon Touristen	(%)	davon Inder++	(%)	Tagesgäste+++
1961	27,8	.		10,1	(36)	130,7
1962	26,4	.		10,3	(39)	93,7
1963	18,4	.		3,3	(18)	99,4
1964	18,9	.		2,9	(15)	70,8
1965	19,8	12,2	(63)	4,7	(24)	58,3
1966	19,0	11,2	(59)	3,6	(19)	79,1
1967	23,7	16,0	(66)	4,6	(19)	59,1
1968	28,3	19,3	(68)	6,8	(24)	41,4
1969	40,2	30,2	(75)	8,8	(22)	68,1
1970	46,3	35,6	(77)	10,7	(23)	68,5
1971	39,7	31,7	(80)	6,1	(15)	58,3
1972	56,0	46,9	(84)	7,8	(14)	48,3
1973	77,9	70,0	(90)	7,8	(10)	27,9
1974	85,0	75,8	(89)	6,8	(8)	23,4
1975	103,2	93,7	(91)	7,8	(8)	25,5
1976	119,0	105,5	(89)	8,0	(7)	14,5
1977	153,7	145,2	(94)	8,7	(6)	7,7
1978	192,6	178,9	(93)	14,6	(7)	8,5
1979	250,2	229,2	(92)	28,1	(10)	5,6
1980	321,8	294,7	(92)	36,2	(11)	8,6

Quellen: Ceylon Tourist Board (CTB) Annual Reports (ab 1967), Dept. of Census and Statistics (vor 1967), Ceylon Year Books (1954ff.). Die Daten vor 1961 wurden wegen Unzuverlässigkeit (auch der Definitionen) nicht wiedergegeben.

+ Grenzankünfte von Touristen und Geschäftsreisenden mit einem Mindestaufenthalt von 24 Std. (gem. UN-Definition 1963)
++ 92 % geben als Reisezweck „Vergnügen" an, offensichtlich meist Verwandten- und Freundesbesuche (Jaffna- und Hochland-Familien).
+++ Aufenthalt von weniger als 24 Std. = Tagesausflügler (Schiffspassagiere)

[7] Im Vergleich zu Bangkok und Singapur, wo der Geschäftstourismus überwiegt.

Abb. 4: Entwicklung des internationalen Tourismus in Sri Lanka

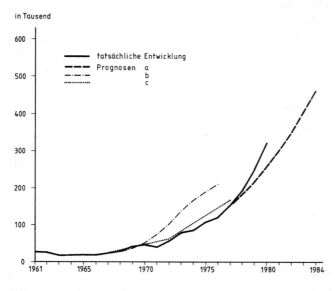

Quellen: CTB (1961 ff), IBRD (1968)

Abb. 5: Entwicklung des internationalen Tourismus in Sri Lanka: Tagesgäste (Ausflügler) in Tausend

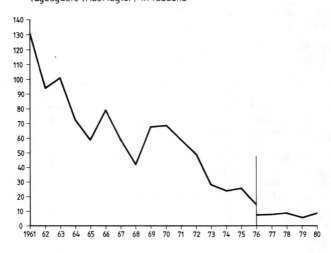

Quelle: CTB-Statistiken

Entwicklung

Abb. 6:

Entwicklung des internat. Tourismus in Sri Lanka:
Tour. Ankünfte nach Herkunftsländern u. -Kontinenten (in Tausend)

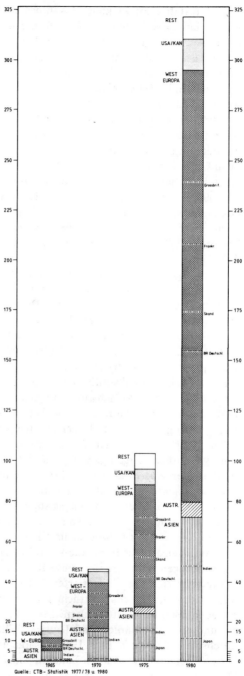

Quelle: CTB-Statistik 1977/78 u. 1980

Die quantitative Entwicklung des internationalen Tourismus in Sri Lanka ist nicht kontinuierlich verlaufen, wie Tab. 6 und Abb. 4, 6, 7 zeigen. Zunächst verschleiert der hohe Anteil der Inder unter den Besuchern, nämlich um 40% (Abb.9), die sehr geringe Bedeutung des interkontinentalen Tourismus, obwohl der „Royal Visit" der britischen Königin im April 1954 Ceylon weltweite Publicity brachte und der Besuch als große Reklame für einen potentiellen internationalen Tourismus gewertet wurde (Yearbook 1955: ein „boom" Jahr). Auf ein leichtes Absinken der Touristenzahlen zu Beginn und eine deutliche Stagnation im Laufe der sechziger Jahre um rund 20.000 internationale Besucher pro Jahr begann seit 1968 ein merklicher Anstieg, unterbrochen lediglich durch den Aufstand im Winter 1970/71, um gleich darauf um so mehr anzusteigen. Seit 1975 betrug die jährliche Zunahme ausländischer Besucher 15 bis zu 30%, so daß bis einschließlich 1981 eine Besucherzahl von 253.000 erwartet wurde (Five Year Plan 1977–1981), die aber schon Ende 1980 erreicht wurde. Damit hat sich der Besucherstrom im letzten Jahrzehnt versechsfacht. Er besteht seit dem Ende der sechziger Jahre konstant zu rund 90% aus Touristen („Zum Vergnügen" und „zum Besuch von Verwandten und Freunden"– Tab. 6).

Der Hintergrund zu dieser Entwicklung ist folgender: wenn es auch seit 1937 bzw. 1948 (vgl. S. 16) ein regierungsamtliches Tourist Bureau gab, so war der Tourismus doch nur unzureichend entwickelt. Das bezieht sich auf die Infrastruktur (Unterkunftspotential, Verkehrsmittel im Lande) ebensosehr wie auf die kostspielige und weite Anreise. Mit dem Blick auf den bereits blühenden internationalen Tourismus in Ostafrika und Bangkok – Thailand in den sechziger Jahren entstanden 1966 nicht nur der mit weitreichenden Vollmachten ausgestattete Ceylon Tourist Board, sondern auch eine halbamtliche Ceylon Hotels Corporation. Diesen beiden Aktivitäten ist der große Aufschwung auf allen Sektoren einer modernen Touristik seit Ende der sechziger Jahre zu verdanken. Vor allem hat sich auf diesen Wirtschaftszweig günstig ausgewirkt, daß er als einziger im langjährigen Bandaranaike-Regime (1956-1977) nicht verstaatlicht und private Initiative gefördert wurde.

Eine wesentliche Ergänzung zur quantitativen Erfassung des Tourismus bildet die Analyse der *Aufenthaltsdauer* (Tab. 12 und Abb. 10). Denn erst die Zahl der Touristennächte macht das touristische Volumen eines Landes aus, so daß Sri Lanka in Wirklichkeit e t w a s günstiger gegenüber benachbarten Ländern wie z.B. Thailand abschneidet, in denen sich ein großer Touristenstrom nur durchschnittlich wenige Tage aufhält (Stopover und Kurzbesichtigungen). So verhält sich die Größe des Touristenstromes in Sri Lanka zu Thailand wie 1 : 10, aber auf die Aufenthaltsdauer bezogen reduziert sich diese Relation auf 1 zu knapp 6. Der moderne Düsenflugverkehr und die organisierten Gruppenreisen haben in Sri Lanka eine starke Verkürzung der durchschnittlichen Aufenthaltsdauer gebracht, freilich mit Unterschieden nach Herkunftsländern. Die meist mehrwöchigen Aufenthalte der kolonialen und ersten nachkolonialen Tourismusphase (bis 1966 fast drei Wochen) sind auf durchschnittlich 12,7 Tage 1980 zusammengeschrumpft. Im Vergleich zu benachbarten touristisch relevanten Ländern wie Thailand (5,1 Tage), Singapur (3,6 Tage), Malaysia (5,7 Tage) ist Sri Lanka in erster Linie als Erholungs- oder Ferienziel

Abb. 7: Entwicklung des internationalen Tourismus in Sri Lanka: Tour. Ankünfte aus ausgewählten Herkunftsländern

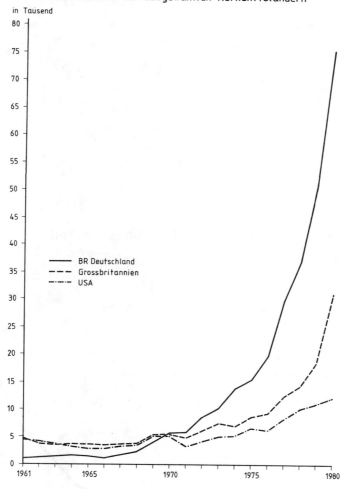

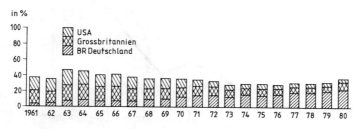

Quelle: CTB-Statistiken

Abb. 8:

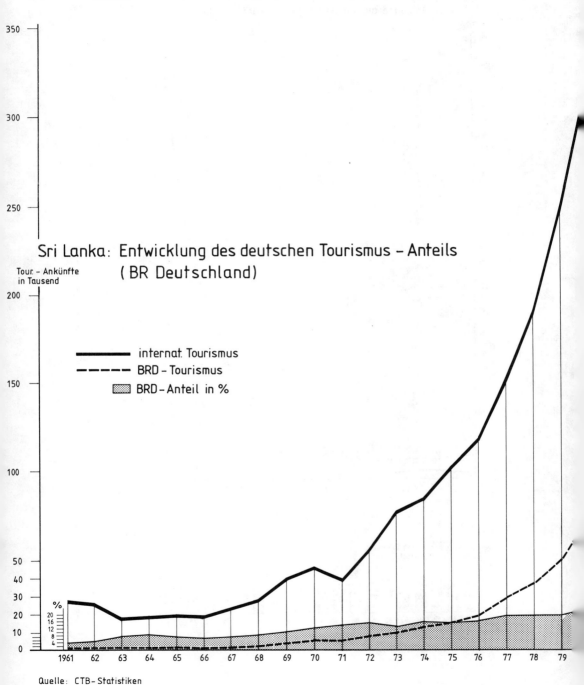

Sri Lanka: Entwicklung des deutschen Tourismus – Anteils (BR Deutschland)

Quelle: CTB-Statistiken

Abb. 9: **Entwicklung des internat. Tourismus in Sri Lanka unter Berücksichtigung der indischen Besucher**

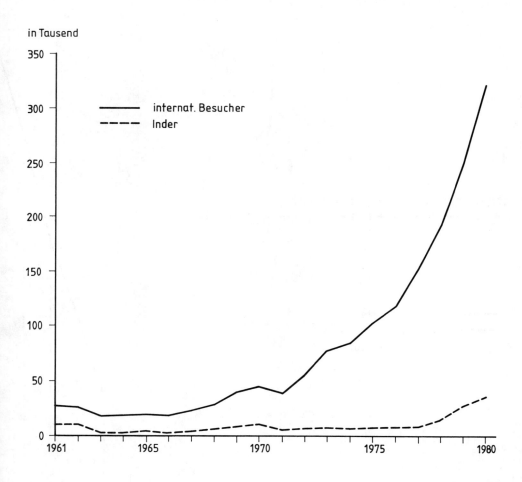

Quelle: CTB-Statistiken

Abb. 10:

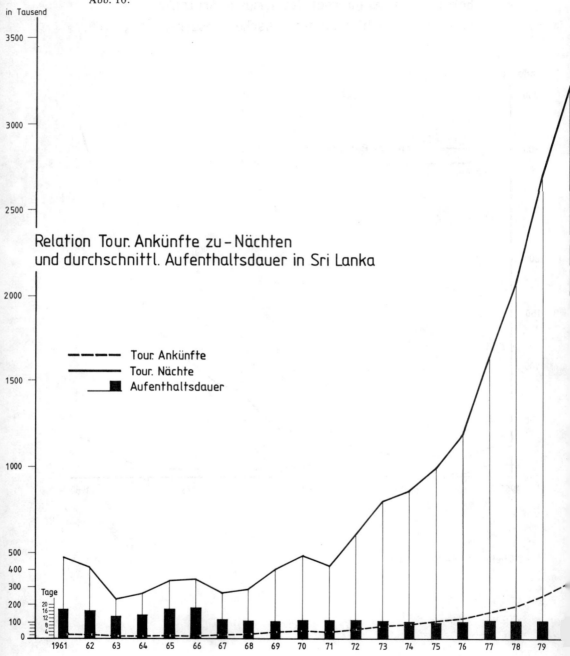

Relation Tour. Ankünfte zu - Nächten und durchschnittl. Aufenthaltsdauer in Sri Lanka

Quelle: CTB - Statistiken

Tab. 7: Touristenankünfte nach ausgewählten Herkunftsländern und -kontinenten

Herkunftsland und -kontinent	Touristenankünfte				in % aller Touristen			
	1965	1970	1975	1980	1965	1970	1975	1980
NORDAMERIKA:	3 265	5 826	7 823	15 408	16.5	12.6	7.6	4.8
Kanada	377	671	1 194	3 214	1.9	1.5	1.2	1.0
USA	2 888	5 155	6 629	12 194	14.6	11.1	6.4	3.8
WESTEUROPA:	8 032	22 924	60 660	215 650	40.6	49.6	58.8	67.0
Großbritannien	3 716	5 484	8 756	31 014	18.8	11.9	8.5	9.6
Frankreich	741	4 480	11 093	34 170	3.7	9.7	10.7	10.6
Skandinavien	440	2 269	9 609	18 746	2.2	4.9	9.3	5.8
BR. Deutschland	1 399	5 771	15 497	75 380	7.1	12.5	15.0	23.4
AUSTRALASIEN:	752	1 378	3 638	8 720	3.8	3.0	3.5	2.7
Australien	673	1 193	3 156	7 368	3.4	2.6	3.1	2.3
ASIEN: [+]	7 012	14 882	23 779	72 022	35.5	32.2	23.0	22.4
Indien	4 663	10 686	7 808	36 234	23.6	23.1	7.6	11.3
Japan	513	1 043	8 281	11 526	2.6	2.3	8.0	3.6
CEYLON/SRI LANKA	19 781	46 247	103 204	321 780	100.0	100.0	100.0	100.0

[+] „Mittelost" (bzw. „Westasien") ausgeklammert, d.h. gesondert gezählt

Quellen: Statistical Abstract of Ceylon 1967–1968 (für 1965); Ceylon Tourist Board Annual Statistical Reports (für 1970 ff.)
Die Prozentwerte wurden errechnet

ähnlich Kenia (15,6 Tage) gekennzeichnet und nicht als Stop-over-oder Transitziel (WTO − Statistik 1979).
Die Aufenthaltsdauer im Ferntourismus wird neben den genannten Reisezwecken wie Urlaubs-, Geschäftsreisen usw. von weiteren Faktoren bestimmt:

− von unterschiedlichen *nationalen Traditionen* bzw. Urlaubsgewohnheiten: z.B. neigen Deutsche zu längerem Aufenthalt (12,7 Tage 1980) als US-Amerikaner (9,4, Tage) und Japaner (6,9 Tage) − eine nicht nur für Sri Lanka zutreffende Beobachtung;
− von der Reiseorganisation: ob Gruppen- oder Individualreise, ob Charterflug mit Ein-, Zwei- oder Drei-Wochenarrangement oder Linienflug mit individueller Zeitplanung;
− vom Reisemotiv: ob überwiegend „Bade"-, also reine Erholungsurlaubsreise wie bei der Masse der unter den Ceylonbesuchern dominierenden Deutschen oder überwiegend Besichtigungsurlaubsreise wie bei den kunstinteressierten Franzosen und Italienern. Beide Motivationen sind in Sri Lanka in hohem Maße gegeben.

Wie stark sich die unterschiedliche Aufenthaltsdauer auswirkt, hängt also am stärksten von der *nationalen Zusammensetzung* der Ceylontouristen ab (s. Tab. 7). An der Spitze aller internationalen Besucher − und das heißt in Anbetracht der vergleichsweise unbedeutenden Zahl einheimischer Urlauber: a l l e r Besucher überhaupt − stehen seit den letzten Jahren die Deutschen (1980: 23%, gefolgt von den Franzosen (11%) und seit 1980 die Briten (10%) vor den Skandinaviern (6 %, überwiegend Schweden). Die Entwicklung des deutschen Anteils seit 1961 veranschaulicht Abb. 8.[8] Wenn auch seit den ceylonesischen Restriktionen fluktuierend, standen bis 1970 die Inder als Besucher, aber kaum als Touristen (!) an der Spitze: 1955 bis 1962 noch 35−40%, seit 1963 jäh abfallend bis auf 6% 1977 und dann wieder ansteigend auf 11 % 1980 (Abb. 9). Sie beherrschten die früher zahlenmäßig bescheidene Besucherszene, gefolgt von den Briten (1955: 20%). Heute rücken als devisenträchtige Touristen die Nordamerikaner (1980: 5%) und zunehmend die Japaner (4%) vor, so sehr auch Westeuropa als Gesamtheit seit Beginn der siebziger Jahre der beherrschende Markt für Sri Lanka geworden ist. 1980 stieg sein Marktanteil bereits auf 67% an, eine einseitige Entwicklung, die um der Marktabhängigkeit willen mit Besorgnis im Lande verfolgt wird, zumal ein Drittel davon allein auf Deutsche entfällt.

Auch für Kenia an der noch „näheren" Seite des Indischen Ozeans ist Westeuropa Markt Nr. 1. Die mit Sri Lanka konkurrierenden Zielgebiete Südostasiens wie Thailand, Hongkong, Malaysia, Bali und die Philippinen zeigen aufgrund ihrer geographischen Lage Beziehungen zu den randpazifischen Märkten und damit eine entsprechend andere internationale Zusammensetzung: ein Vorherrschen kaufkräftiger oder handelstüchtiger Asiaten (Auslandschinesen aus Malaysia, Singapur, Hongkong usw., Japaner) und nicht minder kaufkräftiger Nordamerikaner. Die ceylonesischen

[8] 1960 veranlaßte zum ersten Mal das damalige Government Tourist Bureau Werbeanzeigen für Ceylonreisen in deutschen Zeitungen. Der Erfolg setzte erst allmählich ein, um schließlich den Deutschen die heutige Spitzenstellung zu geben (Ceylon Yearbook 1960, 225).

Bemühungen, durch mehr Werbung Touristen aus diesen Regionen für Sri Lanka zu interessieren, tragen langsam Früchte, ohne auf längere Sicht große Bedeutung zu erlangen.
In ihrer wirtschaftlichen Bedeutung (Einkäufe, Ausflüge, Hotelbesuch) und als Werbung für die Insel sind die *Schiffsreisenden* nicht zu unterschätzen, früher in Massen auf der Durchreise, heute in begrenzter Zahl als Kreuzfahrtteilnehmer, die für ein bis zwei Tage von Colombo, jüngst auch von Trincomalee aus die Insel, vor allem Kandy und die Ruinenstätten der Mitte besuchen (Tab. 6 und Abb. 5).

2.1.3. Qualitative Entwicklung

Image:

Entspricht das Image, das Sri Lanka als Fernreiseziel bietet, der qualitativ reichen, vielseitigen touristischen Angebotspalette, jenem Potential (engl. attraction), auf das sich eine infrastrukturelle Entwicklung des Landes stützen kann? Dem Touristen wird Sri Lanka als Trauminsel, als Südseeparadies voll kokospalmengesäumter schöner weißer und einsamer Strände angepriesen (Reisekataloge) und das scheint nicht übertrieben zu sein. Denn in der langen Geschichte ist die Insel wiederholt überschwenglich gepriesen worden (vgl. Sievers 1964). Der Name birgt seit der Antike die Sehnsucht von Menschen aus West und Ost, aus Süd und Nord. In der Palisprache hieß die schöne, wohlgeformte und reiche Insel „Lanka", der „Teich der roten Lotosblüten" mit Bezug auf die Fülle der Stauteiche. Schon die Römer und Araber nannten sie ein Paradies, „die Perle des Ostens", und die Kronkolonie Ceylon galt als „Juwel in der britischen Krone". Freilich sind diese Attribute nur den wenigsten ausländischen Touristen bekannt. Den meisten, die häufig genug wenig vorbereitet ihre im Durchschnitt zweiwöchige Ceylonreise antreten, haben nicht viel mehr als die Erwartung von Südseeromantik und unverdorbenen armen Menschen in einem paradiesisch üppigen, jedoch unterentwickelten Land in ihrem Reisegepäck, und bedrückend viele treibt auch nicht einmal die Neugier vom Strand weg ins volkreiche, lebendige Hinterland, es sei denn um exotische Fotos einzufangen. Darin teilt also Sri Lanka die Problematik aller tropischen Fernreiseziele (s.a. Hasselblatt 1974 und 1976)[9].
Aus einer Befragung potentieller deutscher Ceylon-Touristen im Herbst 1972, also zu Anfang des deutschen Touristenstromes nach Sri Lanka, geht hervor, daß die kulturellen Sehenswürdigkeiten als überdurchschnittlich positiv eingeschätzt wurden (Skalometerwert: 82% bei allen Befragten, 92% bei Ceylon-Besuchern), ähnlich die landschaftlichen Reize (80 bzw. 82), wobei damals der Bildungsurlaub („Kulturreise") im Vordergrund des Interesses stand, gefolgt von einer Kombination von Bildungs- und Badeurlaub und etwas weniger der reine Badeurlaub (Meyer 1973,

---

[9] Vgl. auch die Informationsbemühungen mit dem Ziel des Verständnisses für die Andersartigkeit der Lebensbedingungen beim BMZ und großen Touristikunternehmen (z.B. „Sympathie"-Magazine).

ähnlich U.N.-Image-Studie 1974). Einschränkend muß beachtet werden, daß damals sich erst wenige Deutsche zu einer Ceylonreise entschlossen, so lange die touristische Infrastruktur noch wenig entwickelt war, und daß die Befragungsergebnisse auf einer zahlenmäßig sehr schmalen Basis beruhen (n= 65 Personen). Neuere Befragungen gibt es nicht, aber Erfahrungen und Informationen lehren, daß Bewertungen heute, rund 10 Jahre später, nicht mehr zutreffen. Im Gegenteil, angesichts einer sehr gemischten Sozialstruktur des mit 23% starken deutschen Touristenstromes ist eine deutliche Akzentverschiebung in der Bewertung zugunsten des reinen Badeurlaubs bei erstmaligen Besuchern festzustellen. Umfangreichere Image-Befragungen 1974/75 unter Schweizer Touristen in Thailand ergeben ein ebenfalls fragwürdiges, anfechtbares Bild (Callegari 1976).

Durchschnittlich nimmt heute (1980/81) rund ein Viertel aller bei den großen deutschen Reiseveranstaltern gebuchten Ceylontouristen an einer sogen. klassischen Rundreise teil (Abb. 3). Es wären weit mehr, wenn entsprechende Kenntnisse vor Reiseantritt vorausgesetzt werden könnten oder eine fachliche Reisebüroberatung erfolgen würde. Auch heute dürfte gelten, was 1972 in der einzigen deutschen Befragung festgestellt wurde: Kenntnisse über das Land stammen überwiegend aus den Massenmedien (40–58%). Individualreisende sind meist besser, d.h. ernsthafter vorbereitet.

Touristisches Potential:

Alle südasiatischen touristischen Zielgebiete zeichnen sich im Gegensatz zur Karibik, zum afrikanischen Tropenraum und zur Südsee durch eine große Vielfalt an natürlichem, ökonomischem und soziokulturellem Potential aus. Mit letzterem ist vor allem der Reichtum an religiösen, handwerklichen und kulturgeschichtlichen Traditionen angesprochen.

Zunächst ist, was das *natürliche Potential* betrifft, auf die Kleinheit (65 000 gkm, Größe wie Bayern) und damit auch die Überschaubarkeit der Insel hinzuweisen und auf die touristisch leichte Erreichbarkeit landschaftlicher Kontraste auf kleinstem Raum. Der aufmerksame Beobachter kann in einer Tagesreise bequem die wichtigsten tropischen Vegetationszonen durchfahren. Nur 190 km Autostraße trennen beispielsweise Colombo vom kolonialzeitlich bedeutenden Höhenluftkurort Nuwara Eliya im Hochland in fast 200 m Höhe und nur 115 km Straße trennen Colombo von der alten, in einem Bergkranz schön gelegenen ehemaligen Königshauptstadt Kandy (550 m), gleichzeitig eines der größten Pilgerziele des buddhistischen Asien. In einer Tagestour gelangt man durch die verschiedenen tropischen Höhenstufen: die Küstenniederung, vor allem als Kokospalmenzone ausgebildet; das Bergland mit Kautschukplantagen an den Hängen und Reistälern; das „Teehochland" mit Höhen bis zu 2500 m. Und die Straße an die Ostküste, am Rande des Gebirges ebenfalls in einer Tagesreise hinziehend, führt von der niederschlagsreichen, immerfeuchten Westküste mit entsprechend üppiger Vegetation durch zum Teil schüttere und künstlich bewässerte Waldlandschaften mit ausgeprägter Trockenzeit, mit Ruinenzentren der altsinghalesischen Reiche an die nur vom Nordostmonsun in den Frühwintermonaten beregnete Ostküste. Das klimatische Potential ist also vielseitig und unterscheidet sich vor allem zwischen West und Ost hinsichtlich der Niederschläge und zwischen Tiefland und Hochland (Näheres in Abschnitt 2.2: Jahreszeitenproblematik). Gerade in den aridesten Gebieten im Südosten und Nordwesten sind Wildparks geschaffen worden, lange vor dem Touristenboom; sie sind nicht zuletzt als Naturlandschaften von besonderem Reiz wichtige Attraktionen geworden, die in keinem Werbematerial fehlen. Das *sozioökonomische und soziokulturelle Potential* der Insel ist nicht minder vielschichtig: Plantagenlandschaften (Kokos, Kautschuk, Tee, zum großen Teil als Monokulturen), gartenbäuerliche und reisbäuerliche Landschaften neben- und gestuft übereinander (Dual Economy), Fischersiedlungen an den Küsten, Agrarlandschaften durchweg ohne nennenswerte großstädtisch-industrielle Ballungsgebiete, aber an der Südwestküste und im Bergland dafür hohe Bevölkerungsdichten im ländlichen Raum (400 bis 500 E/qkm 1980). Überbevölkerung ist ein Phänomen, dem der Reisende auf Schritt und Tritt an der Küste und auf Fahrten im Bergland, nicht jedoch in den trockeneren Binnenräumen und an der Ostküste begegnet. Aufgeschlossenheit und Kontaktfreudigkeit der Ceylonesen machen es dem interessierten und einigermaßen sprachgewandten, d.h. englischsprechenden Touristen leicht, Kontakt mit der einheimischen Bevölkerung aufzunehmen. Der Reichtum an alten religiös geprägten Kulturtraditionen begegnet dem geistig interessierten Touristen überall. Letztere gehen schon auf die Jahrhunderte vor der Zeitenwende zurück und weisen auf die kulturhistorischen Bindungen an Indien hin. Bedeutende Kulturdenkmäler aus den frühen nachchristlichen Jahrhunderten wurden wiederentdeckt bzw. vom Dschungel vor rund hundert Jahren befreit. Dazu gehören außer den Tempel- und Klosteranlagen landschaftlich reizvolle und kulturgeschichtlich hochinteressante antike Stauteiche und Kanäle („hydraulische Zivilisation" des Orients = tankbewässerte Kultur) als weitere Zeichen alter blühender Kulturreiche. Das Erbe buddhistischer Kulturtradition äußert sich in großem Beharrungsvermögen, in einer starken integrativen Kraft im Lebensrhythmus der Gruppen und Gemeinschaften, in ihren Tempelfesten, -feiern und Pilgerfahrten. Das gesellschaftliche Beharrungsvermögen drückt sich in reichen handwerklichen Traditionen aus. In bestimmten Dörfern sind nach wie vor bestimmte Handwerkskünste vertreten, etwa das Messing- und Silberhandwerk in Dörfern bei Kandy. Freilich ist es von viel bescheidenerem, ja technisch primitiverem Wert als etwa das stark chinesisch beeinflußte thailändische Handwerk. Das wirkt sich sofort in hohem Maße ökonomisch aus: die Touristeneinkäufe pro Kopf liegen in Thailand bedeutend höher als in Sri Lanka (Sievers 1982 a).

Was der Tourist erwartet, wenn er Sri Lanka besucht, hängt von vielen Faktoren ab: von seinem sozialen Status, seinen geistigen Interessen, seinem Alter, seinen Vorkenntnissen. Das Gros der Ceylon-Touristen lockt sogenannte Südseeromantik und -exotik. Bildungsreisende und geistig interessierte Erholungsreisende erwarten, in einer Tagesfahrt erreichbar, buddhistisch-singhalesische Kunstschätze von Weltruf (z.B. die Felsfresken von Sigiriya, antike Kulturdenkmäler von Anuradhapura) und antike Bewässerungswerke als Grundlage einer frühen Blüte reisbäuerlicher Kultur oder die kulturelle und wirtschaftliche Hinterlassenschaft der Portugiesen, Holländer und Briten, die die Insel nicht minder prägen.

Sri Lanka hat also nur oberflächlich betrachtet den so gern apostrophierten Südseecharakter. Vielmehr bietet die Insel auf engem Raum einen Querschnitt jenes Natur- und alten Kulturreichtums, der Südasien auszeichnet. Darin ist Sri Lanka touristisch gegenüber Indien bevorzugt.

Touristische Infrastruktur:

Die gut zehnjährige Entwicklung einer modernen touristischen Infrastruktur ist ausgesprochen punktuell verlaufen. Ihre „Dichte" kann dabei sehr unterschiedlich sein und charakterisiert auch die einzelnen Touristikregionen. Dichte wird erreicht durch Hotels, Restaurants, Strände, Wege bzw. Straßennetz, Einkaufsmöglichkeiten in Buden, Souvenirboutiquen, Geschäften bzw. bei fliegenden Händlern, durch Vergnügungsstätten, Sporteinrichtungen, organisierte Ausflugsfahrten, öffentliche Verkehrsmittel von touristischem Zuschnitt usw. Was das geographische Verbreitungsmuster des Tourismus in allen Entwicklungsländern charakterisiert, ist seine *Isoliertheit* und *Punktualität*, also mangelnde Dichte. Räumliche Geschlossenheit gibt es nirgends (s. Abbildungen 14ff.: Beispiele regionaler touristischer Infrastruktur). Die Streulage touristischer Siedlungen wirft Probleme auf, die in abgewandelter Form in allen Streusiedlungsgebieten bekannt sind, nämlich die Kostenfrage solcher infrastruktureller Einrichtungen wie Strom-, Wasser-, Kanalisationsanschlüsse. Gruppenanordnung wie entlang der Südwestküste ist weniger belastet als die noch so attraktive touristische Einzelsiedlung. Das führt aus Rentabilitätsgründen dann häufig zu Mammutbauten, von denen mit Ausnahme weniger Colombo-Beispiele Sri Lanka im Vergleich zu vielen anderen tropischen Zielgebieten, auch Südasiens, dank einer traditions- und umweltbewußten Politik, bisher verschont ist. (vgl. hierzu und zum folgenden auch Sievers 1982 b).
Die räumliche Isoliertheit verleiht fast allen Touristensiedlungen einen vielfältigen *Ghettocharakter*, der sich von westeuropäischen Erscheinungen unterscheidet. Sie sind vom alten Ort räumlich getrennt, bedingt durch die Siedlungsstruktur. Sie stellen vor allem aber einen durchaus großen Kontrast zum „Dorf" durch eine aufgelockerte Konzentration großer, wenn auch geschickt der Tropennatur angepaßter moderner Hotelbauten dar. Sie gehen bei durchschnittlichen Kapazitäten von 100 bis 200 Betten in Doppelzimmern über zwei Stockwerke kaum hinaus. Und ebenso gravierend entsteht der Ghettocharakter durch die soziale Kluft zwischen den „reichen" Urlaubern und den „armen" Einheimischen nicht nur an den Stränden und in den Fischersiedlungen, wo zumeist Palmgärtner und Fischer leben, sondern überall, weil die einheimische „Intelligentsia" sich in nur wenigen Fällen die für die ceylonesischen Einkommensverhältnisse unerschwinglichen Touristikpreise leisten kann, die dem westlichen Einkommensniveau angepaßt sind (s. auch S. 49). So wird eine Integration von Binnen- und Ferntourismus verhindert.
Der Ghettocharakter wird noch dazu für die meisten westeuropäischen Touristen durch die Sprachbarriere verstärkt. Zwar können sich Ceylonesen weit mehr als in

den übrigen südasiatischen Ländern in englischer Sprache ausdrücken, aber die Konversationsmöglichkeiten mit wenig sprachkundigen Touristen bleiben beschränkt. Hier könnte in einem Stadium des konsolidierten Tourismus zweifellos seitens Sri Lanka einiges zur Verständigung geschehen, denn es gibt eine beträchtliche verwestlichte Intelligentsia-Schicht. Außerdem sind alle Ceylonesen sehr kontaktfreudig und gastlich und dem Europäer gegenüber aufgeschlossen. So gibt es z.B. in Colombo und Kandy gut besuchte, auch auf Touristik spezialisierte Sprachkurse in den entsprechenden deutschen und französischen Kulturinstituten.

Zu den vorrangigen *touristischen Einrichtungen*, die eine infrastrukturelle Bewertung ermöglichen, zählen die *Beherbergungsbetriebe*. Die Entwicklung zeigt deutlich zwei von einander getrennte Phasen:

— die koloniale und nachkoloniale (bis Anfang der sechziger Jahre)
— die der internationalen Standardisierung.

Beide Phasen sind physiognomische Bestandteile des touristischen Erschließungsprozesses, nur treten die wenigen Hotels und Regierungsrasthäuser („Resthouses") der Kolonialzeit hinter den in den siebziger Jahren entstandenen Neubauten weit zurück. Die Hotels wurden nach dem Kriege zwar verbessert, aber nie durchgreifend und den heutigen internationalen Standard erreichend. Dagegen wurden die Regierungsrasthäuser vernachlässigt; sie liegen über die Insel verstreut an den wichtigsten Verbindungsstraßen in häufig schöner Lage, im luftigen Bungalowstil mit umlaufender Veranda und drei bis vier Schlafräumen ausgestattet und dienten den dienstreisenden Kolonialbeamten. Seit der Unabhängigkeit sind sie zum großen Teil heruntergekommen. Einige von ihnen in touristisch wichtiger bzw. schöner Lage wurden verbessert, auch vergrößert, um neben den einheimischen Beamten Touristen aufzunehmen, bevor die großen Touristenströme in den siebziger Jahren auf den inzwischen als „klassisch" bezeichneten Routen das Inselinnere durchfuhren. Bis zum Beginn der achtziger Jahre sind an touristischen Brennpunkten (Ruinenstätten, Berg- und Hochland, seltener an der Küste, z.B. Weligama) einige ehemalige Regierungsrasthäuser in Privatbesitz übergegangen, andere der Ceylon Hotels Corporation unterstellt und unter Modernisierung bis zum Schwimmbad hin und Vergrößerung gehobenen Standards für zahlenmäßig begrenzte Touristenübernachtungen (bis zu 40—50) und mit täglichem Durchgangsverkehr (Restauration) verfügbar, woran es nach wie vor mangelt. Die „Dichte" von Lokalen gehobenen westlichen Standards entlang den großen Verkehrsstraßen hat sich aber immerhin durch diese Angebote, zu denen im Laufe der achtziger Jahre weitere Modernisierungen von Rasthäusern kommen dürften, gebessert.

Unter den 1968 begonnenen Neubauten zum Zweck internationaler Touristikversorgung, also international gehobenen bis zu Luxusansprüchen genügend, haben sich inzwischen *drei Typen* als charakteristisch herausgeschält:

— Hotels internationaler Ketten:
durch Größe und internationalen anonymen Stil mehr oder weniger gekennzeichnet. Davon gibt es in Sri Lanka nur sehr wenige (Colombo).

— Hotels privater Initiative:
    häufig eine Familien-GmbH oder Besitz einer Handelsfirma (z.B. Tee- oder anderes Plantagenprodukt, Export), die sich der Touristik geöffnet hat. Diese Hotels zeichnen sich in Baustil und Größe (häufig sehr klein begonnen und in Etappen vergrößert) durch eine Anpassung an die tropenklimatischen Gegebenheiten aus (Gärten, Terrassen, Veranden, Loggien), und fügen sich in die Landschaft harmonisch ein. Dafür haben die Ceylonesen ähnlich den Indern viel Gespür entwickelt.
— Gästehäuser (Guesthouses) als Pension oder Frühstückspension betrieben:
    mit wenigen Doppelzimmern in umgewandelten Familien-Bungalows bis hin zu auf 20 Doppelzimmer umgebauten, vergrößerten Bungalows. Solche Gästehäuser in Colombo, Kandy und an einigen Stränden haben im Laufe des letzten Jahrzehnts an Zahl ständig zugenommen, mühen sich zum großen Teil auch um amtliche Anerkennung („graded"), darüber hinaus gibt es aber eine große Zahl nicht anerkannter Kleinbetriebe mit bescheidenen Leistungen, die angesichts tropenklimatischer Verhältnisse beachtet werden müssen.

Zu diesen vorherrschenden Typen kommen als „graded", d.h. amtlich anerkannte Betriebe[10] die vorhin genannten modernisierten und in Touristikbetriebe umfunktionierten Rasthäuser aus kolonialer Zeit hinzu, dann einige wenige Feriendörfer, die von großen ausländischen Touristikunternehmen unter Vertrag stehen, und schließlich die sogen. „orientalischen" Hotels alter Art für traditionelle asiatische Ansprüche, die nicht anerkannt sind und in den amtlichen Hotellisten auch nicht geführt werden.

Primäre touristische Einrichtungen wie die Beherbergungsbetriebe sind auf eine entsprechende verkehrsmäßige Zugänglichkeit bzw. auf adäquate *Verkehrseinrichtungen* angewiesen[11]. Eine Analyse der ceylonesischen Verkehrsinfrastruktur als Touristikfaktor ergibt einerseits ein aus der Kolonialzeit stammendes relativ dichtes Straßen- und Eisenbahnnetz im feuchten südwestlichen Drittel der Insel, andererseits ein qualitatives Nichtschritthalten mit der wachsenden Inanspruchnahme durch eine explosionsartige Bevölkerungsverdichtung[12] gerade in diesem klimatisch bevorzugten Landesteil. Darunter sind die Transportmittel wie etwa völlig veraltete Eisenbahnwagen, immer noch viel zu wenige, von Fahrgästen überquellende Busse,

---

[10] „graded" bedeutet eine gewisse, vom CTB vorgenommene Klassifizierung von Hotels und Gästehäusern, die nach internationalen Standards geführt werden, aber bisher keine Differenzierung in Sterne erhielten. Bei den wenigen Großhotels wird gern von einem Vier- oder gar Fünfsterne-Hotel gesprochen, ohne daß dies amtlich ist. Bei den Gästehäusern hingegen ist bereits eine Klassifizierung in A, B, C vorgenommen worden. Alle Gästehäuser, Rasthäuser, Gasthäuser („Inns"), Jugendherbergen usw., soweit sie vom CTB als für internationale Besucher geeignet erachtet werden, sind als „supplementary", d.h. zusätzliche Beherbergungsbetriebe eingestuft (Definition der vom CTB gebrauchten Begriffe in den Annual Statistical Reports).

[11] Befriedigende Verkehrsstatistiken als Belege für die Analyse fehlen, die Dunkelziffern sind hoch. 1976 belief sich der Bestand an Touristen-PKW's auf 242, das anvisierte Ziel für 1981 auf 619, Busse 1976: 86 mit dem Ziel für 1981: 101.

[12] Feuchtzonen-Durchschnitt 1953 314 E/qkm, 1963 419 E/qkm (nach Sievers 1964), 1980 520 E/qkm (geschätzt).

eine aus Devisenmangel gedrosselte Einfuhr von Autos (Privatwagen, Taxis, Mietwagen) zu verstehen, die eine verkehrsgefährdende Überalterung des Transportmittelparks zur Folge haben. Dazu gehört aber auch die mangelhafte Instandhaltung des Straßen- und Bahnnetzes, das Fehlen jeglicher Modernisierung; als politisches Paradestück wurde lediglich die mehrspurige Straße von Colombo zum Flughafen gebaut. Wenn auch in den letzten Jahren viele Anstrengungen unternommen wurden, einen Teil der Deviseneinnahmen in gezielte verkehrsinfrastrukturelle Verbesserungen als touristische Attraktivitäten zu investieren (Einfuhr klimatisierter Touristenautos und Touristenbusse, Salonwagen für die Eisenbahnstrecke Colombo — Kandy, Verbesserung touristisch relevanter Autostraßen), so bleiben alle diese Maßnahmen doch weit hinter den Notwendigkeiten eines wachsenden internationalen Touristenstromes zurück. Darunter haben vor allem die Entwicklung der Touristikzentren an der Ostküste zu leiden, aber auch die Zufahrtstraßen zu den alten Kulturstätten.

2.1.4. Ökonomische Entwicklung

Später als die ostafrikanischen Zielgebiete, als Thailand und die Philippinen, viel später erst recht als die Karibik und Mexiko hat Sri Lanka die ersten Anstrengungen unternommen, ins Touristikgeschäft einzusteigen, und seitdem gibt es durchaus kontroverse Meinungen zur touristischen Erschließung des Landes.
Eine Reihe von Faktoren scheint die Touristik als einen Wirtschaftszweig Sri Lankas zu begünstigen:

—ein hohes natürliches und soziokulturelles *Potential* vermag viele Touristen aus den Industrieländern anzuziehen: eine entscheidende Voraussetzung für alle weiteren Gunstfaktoren;
—sie unterstützt die *Diversifikation* der immer noch recht einseitigen Plantagenexportwirtschaft;
—sie bringt dem Lande dringend benötigte *Devisen* ein;
—sie schafft neue *Arbeitsplätze* auf dem Dienstleistungssektor.

Im folgenden sollen diese sozioökonomischen Faktoren auf ihr Gewicht hin analysiert werden.
Im Bemühen um eine Abkehr von der immer noch einseitigen Plantagenwirtschaftsstruktur soll die Entwicklung der Tourismuswirtschaft hierzu ihren wenn auch begrenzten Beitrag leisten. Als zweite Anstrengung im Rahmen der Diversifikation ist die neue Freihandelszone anzusehen, und ihr wird zur Zeit eine weit größere Bedeutung beigemessen. Die Touristik steht immerhin an vierter Stelle der Deviseneinnahmen aus dem Export von Tee, Kautschuk, Ölprodukten und Kokosprodukten (1980). Tee nimmt nach wie vor den beherrschenden Platz ein, ist aber von seinem mit 60–65 % hohen Rang — und das wirkte sich in riskanter Abhängigkeit aus — auf 48 % (1978) bzw. 36 % (1980) zurückgegangen. 1980 betrugen die Touristikeinnahmen bereits 7,8 % des gesamten Exportwarenwertes, dagegen 38 % aller „unsichtbaren" Exporte (Dienstleistungen als Produkt) und 6,5 % aller Deviseneinnahmen (1971 erst 0,5 % und 1977 5 %). Die Touristik hat eine der höchsten Wachs-

tumsraten innerhalb der ceylonesischen Wirtschaft: 1966 betrugen die Einnahmen nur 1.3 Mio. US–$, 1976 28.2 Mio. US–$ und 1980 bereits 110.7 Mio. US–$ 110.8 Mio. US–$, wie prognostiziert. Für 1984 bei Erreichen der Zielzahl von 500 000 internationalen Touristikankünften, über die die politische Touristikplanung nicht hinaus will, schätzt man die Deviseneinnahmen bereits auf 209.9 Mio. US–$ — also innerhalb einer Zeitspanne von nur 18 Jahren aus bescheidensten nachkolonial geprägten Anfängen heraus. Der steilste Anstieg erfolgte seit 1976 (CTB Annual Statistical Report 1980).

Freilich bedeuten diese Deviseneinnahmen aus der Touristik nicht mehr als eine relative Verbesserung der chronisch schlechten Zahlungsbilanz. Es sollte aber beachtet werden, daß ihr insgesamt bescheidenes Gewicht im Vergleich zu anderen, einseitig touristikorientierten Wirtschaftsstrukturen (gewisse Karibikinseln, Kenia, Tunesien, Kanarische Inseln) nicht entsprechend hohe Abhängigkeiten erzeugen kann. Ihr Wert liegt gerade in der Verteilung der wirtschaftlichen Risiken, die einer Diversifikationspolitik zugrunde liegt. Das politische Planungskonzept weist dem ceylonesischen Tourismus deshalb auch keinerlei Schlüsselstellung zu.

Die Bedeutung der Deviseneinnahmen wird außerdem durch die touristische *Bedarfsdeckung im Ausland* relativiert, die zu einem nicht unerheblichen Teil einmalig (Hoteleinrichtungen, technische Installationen wie Sanitär- und Klimaanlagen usw.)[13] und laufend (tägliche Versorgung mit Gütern des gehobenen Bedarfs wie Spirituosen, Fleisch Molkereiprodukten, aber auch z.B. Wagenimporte, Ersatzteile aller Art) erfolgen muß, weil eine entsprechende nationale industrielle Produktion fehlt bzw. nicht ausreicht[14]. In wie starkem Maße dadurch die Zahlungsbilanz belastet wird („Devisenverluste"), ist mit Sicherheit wegen hoher Dunkelziffern nicht zu sagen. Zu berücksichtigen ist auch der beträchtliche Gewinnrückfluss internationaler Hotelketten, die andererseits in Sri Lanka keine marktbeherrschende Rolle spielen.

Die wirtschaftliche Bedeutung des Tourismus liegt aber auch in der *Bedarfsdeckung im Lande* selbst, d.h. bei den Erzeugern, also den Kleinbauern (Südfrüchte, Gemüse), Plantagen (vor allem Tee und andere Getränke), vor allem aber bei den Zwischenhändlern („Mittelsmännern": Fische, besonders auch Schalentiere, tägliche Lebensmittel) und dem Großhandel. Der „kleine Mann" im benachbarten Dorf erzeugt so wenig und so unzuverlässig, daß Hotelbetriebe auf größere Zulieferer angewiesen sind. Vorlaufer (1979, 138) hat errechnet, daß nur etwa 4 % der Hotelausgaben für Nahrungsmittel aus dem Umland stammen und höchstens 25 % des Obst- und Gemüsebedarfs. Der wichtigste Markt hierfür liegt im Hochland (sogen. „exotische Gemüse"). Der dörfliche Profit am Tourismus ist also sehr begrenzt und besteht in den Touristikregionen am ehesten im Souvenirhandel und im Trans-

---

[13] Der Importbedarf der Hotelinvestitionen betrug 1968–77 22,3 % (CTB).
[14] Dazu sind verschiedentlich Berechnungen angestellt worden (Radke 1975, Vorlaufer 1979), wobei hohe Dunkelziffern zu berücksichtigen sind. Vgl. grundsätzlich auch Frentrup (1969).

port (Taxi, Mietwagen, Bootsfahrten), wobei der Hauptgewinn, wie immer schon üblich, den Zwischenhändlern als den kapitalkräftigen Besitzern zukommt[15].

Zum Bedarf der Touristik gehört primär das Baugewerbe: die Erstellung der Hotelbauten, ihre für Sri Lanka sehr typische etappenweise Vergrößerung, Verbesserungs- und Modernisierungsmaßnahmen in vielen touristisch relevanten Durchgangsorten (z.B. Rasthäuser für ausländische Touristen und solche für einheimische Pilgergruppen), wobei angesichts der Importbeschränkungen das Bemühen um inländisches Material Erfolg gezeigt hat. Schwierig ist hingegen die Versorgungslage auf dem Stromsektor, wo in der ausgeprägten touristischen Hochsaison (Wintermonate) es immer wieder zu kurzfristigen Zusammenbrüchen des Stromnetzes und damit zum Ausfall der Klimaanlagen kommt. Ähnliches gilt von der Wasserversorgung in Trockenperioden.

Zu den ökonomisch wichtigsten Wirkungen der Touristikentwicklung gehört der *Beschäftigungseffekt*. Angesichts einer chronisch hohen Arbeitslosigkeit und einer noch viel größeren, zahlenmäßig schwer faßbaren Unterbeschäftigung besonders unter Jugendlichen, ist die Schaffung neuer Arbeitsplätze in der Touristik — direkt und indirekt — neben den Deviseneinnahmen von vorrangiger Bedeutung (vgl. Tab. 8). Die Tabelle vermittelt einen Eindruck von der Größenordnung und Relation der Touristikberufe. Im Durchschnitt hat im letzten halben Jahrzehnt mindestens eine Verdoppelung der Beschäftigtenzahl stattgefunden. Der Anteil des Dienstpersonals ist analog der hohen Wachstumsrate internationaler Touristenankünfte (und auch -nächte) am stärksten gestiegen. Und zwar am meisten in den Touristengeschäften, wobei zu berücksichtigen ist, daß die zahllosen kleinen bescheidenen Bretter- und Palmstrohbuden, hier nicht mitgezählt, in den Dörfern so manchen Nebenverdienst bringen. Der absoluten Zahl nach steht das Dienstpersonal in Hotels und Restaurants erwartungsgemäß weitaus an erster Stelle (1980 zu 71 %). Hier wird die Masse aller direkt in der Touristik Tätigen (rund 64 %) beschäftigt. Der hohe Anteil des Dienstpersonals (Kellner, Zimmerpersonal, einfache Dienste in Küche usw.) ist typisch für Entwicklungsländer. Dabei ist zu bedenken, daß die Kellner in Fachkursen (Colombo, Kandy — Hotelfachschulen) geschult werden und mindestens Englisch, in vielen Betrieben auch noch Deutsch und Französisch soweit beherrschen müssen (Sprachkurse), dass eine Grundverständigung mit den Touristen auf ihrem Fachgebiet möglich ist. Dies gilt auch für das Zimmerpersonal. In den wenigen erstklassigen Großhotels von Colombo wird von beiden Gruppen höhere Schulbildung erwartet. Die Konkurrenz ist groß. Während auf der höchsten Ebene, dem Management, das Reservoir an solchen Fachkräften praktisch nur in Colombo zu finden ist und sie dann auch häufig zwischen ihrem Hotelbetrieb in der Provinz und der Metropole (Familie, Aufsicht) wöchentlich hin und her pendeln, gilt dies zum großen Teil auch noch für das technische und Büropersonal, obwohl hier Kandy als ein weiteres Reservoir gilt. Kellner und Zimmerpersonal stammen in erstaunlich großer Zahl aus dem Großraum Colombo (Schulbildung, Sprachkurse, Fachkurse), haben ihre Familien dort und fahren zu festgesetzten Zeiten auf Urlaub, wobei die langen Fahrzeiten und die

---

[15] S.a. Radkes (1975) freilich räumlich sehr begrenzte Untersuchungen, die nach eigenen Umfragen aber weithin noch typisch erscheinen.

Tab. 8: *Direkte Beschäftigung in der Touristik*

Betriebsart	Zahl d. Betriebe			Beschäftigungskategorien								Gesamtzahl der Beschäftigten		
				Managers, Akademiker			Techniker, Büroangest.			Dienst= personal+					
	1972	1975	1980	1972	1975	1980	1972	1975	1980	1972	1975	1980	1972	1975	1980
Insgesamt	226	359	528		1 018	1 939		3 346	5 133		5 784	12 806	7 707	10 148	19 878
davon:															
Hotels und Restaurants	110	192	216		503	824		1 666	2 806		4 731	9 030	4 650	6 900	12 659
Reisebüros, Auto/Bus- unternehmen	42	53	155		172	560		561	1 151		501	1 375	801	1 234	3 086
Fluggesellschaften	10	9	16		123	258		431	467		253	1 195	1 002	807	1 920
Touristengeschäfte	52	95	124		180	184		520	586		113	909	667	813	1 679

+ fachlich geschulte und ungelernte Kräfte

Quelle: CTB – Statistik (die Beschäftigtenstatistik wurde erst im Laufe der siebziger Jahre verfeinert – s. Beschäftigtenkategorien)

Überfüllung der öffentlichen Verkehrsmittel in Kauf genommen werden müssen — eine Erschwernis[16].

Die *räumliche Verteilung* des Hotelpersonals aller Kategorien entspricht dem Muster der Touristikregionen und ihren Bettenkapazitäten (vgl. Abb. 2). Der Bedarf in Colombo mit rund 3600 Betten ist mit Abstand am größten, gefolgt von Beruwala-Bentota mit rund 1700, Negombo mit rund 1300 und Kandy mit rund 1100 Betten (1980). Andere Regionen bleiben weit dahinter zurück. Alle übrigen in der Touristik tätigen Unternehmen sind fast durchweg in der Metropole konzentriert — nur wenige haben Beschäftigte noch in Kandy —, so daß sich die in der Touristik direkt Beschäftigten sehr einseitig auf Groß-Colombo verteilen und damit die auch in anderen Sektoren vorhandenen Disparitäten zugunsten von Colombo nur noch verschärfen.

Wie aus dem Abschnitt über die binnenländische Bedarfsdeckung der Touristik (S. 36) resultiert, ist die indirekte Beschäftigung für die Touristik beträchtlich, wenn auch ihr sozialräumlicher Effekt wiederum in erster Linie dem Großraum Colombo zugute kommt, wo die großen Handelsfirmen sich konzentrieren (z.B. Elephant House als Großhandelsfirma). Es ist errechnet worden, daß die Relation direkt Beschäftigter zu indirekt Beschäftigten bzw. Arbeitsplätzen sich wie 1: 1,35 verhält (Radke 1975, 12). Demnach läßt sich eine Gesamtbeschäftigung von rund 50 000 (1980) = ca. 1 % aller ceylonesischen Beschäftigten schätzen, was wiederum die engen sozioökonomischen Grenzen der ceylonesischen Touristik deutlich macht.

Über die Auswirkung des *Saisoncharakters* auf die in der Touristik Beschäftigten sagt die Statistik leider nichts aus. Befragungen ergaben aber, daß allein im Hotelgewerbe ein Teil (etwa ein Drittel) des Dienstpersonals (Kellner, Zimmer-, Küchen- und anderes Personal) in der Nebensaison entlassen wird, nach Länge und Region unterschiedlich (s. Abb. 11). Die Belegungsraten der Hotels geben ebenfalls regional differenzierte sozioökonomische Antworten (S. 61 und Tab. 14).

Die gleiche saisonale Unausgeglichenheit, wenn auch mit gewisser regionaler Differenzierung, zeigt sich in der Nachfrage nach Diensten der Reisebüros, der Mietwagen-, Taxi- und Busunternehmen und Touristengeschäfte bis hin zu den zahlreichen Souvenirbuden an den Stränden, so daß sich beträchtliche saisonale Preisdifferenzen nicht nur in den Hotels ergeben.

Der Beitrag des Tourismus zur sozioökonomischen Entwicklung und Stabilisierung Sri Lankas darf — abschließend — weder überschätzt noch unterschätzt werden. Er ist begrenzt, aber e i n Faktor der Diversifikation, dessen Bedeutung nicht zuletzt in sehr unterschiedlichen Multiplikatoreffekten zu sehen ist. Die oben genannten Sekundäreffekte werden mit der Konsolidierung der Touristik im zweiten Jahrzehnt ihres großen Aufschwungs aus bisheriger Begrenzung sich weiter entwickeln und damit mehr Beschäftigungsanreize bieten. Die Dienstbereitschaft, Kontaktfreudigkeit und Gastlichkeit der Ceylonesen dem Fremden gegenüber wirken sich außerdem als

---

[16] Vorlaufer (1979, 132) berichtet hingegen, daß der Großteil der Hotelbeschäftigten aus dem jeweiligen Nahbereich komme. Das kann sich nur auf das ungelernte Personal beziehen.

Abb. 11: Saisonalität des internat. Tourismus in Sri Lanka

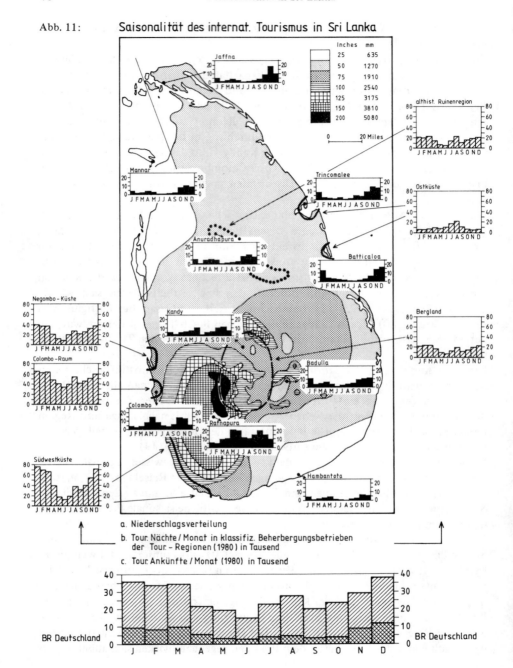

a. Niederschlagsverteilung
b. Tour. Nächte / Monat in klassifiz. Beherbergungsbetrieben der Tour.- Regionen (1980) in Tausend
c. Tour. Ankünfte / Monat (1980) in Tausend

Quellen: CTB 1980 u. Sievers, Ceylon (1964)

unschätzbare Multiplikatoreffekte aus. Alle diese positiven Entwicklungen in Richtung Stabilisierung und Diversifizierung der Wirtschaftsstruktur sind allerdings politisch krisenempfindlich und zwar was Spannungen und Konflikte im Zielland Sri Lanka als auch in den touristischen Herkunftsländern betrifft. Deshalb ist das Bemühen um weltweite Diversifizierung der Märkte so wichtig, wenn vorläufig auch noch mittelfristig schwierig (USA? Japan?), um die einseitige westeuropäische Abhängigkeit zu überwinden[17]. Aber primär steht und fällt der Erfolg ceylonesischer Touristik mit innenpolitischer Stabilität. Die Unruhen von 1971 schlagen sich in allen Touristikstatistiken jenes Jahres deutlich warnend nieder (Abb. 4), ohne allerdings sich nachhaltig auszuwirken. Die folgende winterliche Hochsaison zeigte schon wieder einen eindeutigen Aufwärtstrend, die Markt f e r n e wirkte sich hier zweifellos in schnellem Vergessen der Geschehnisse aus.

2.2. DIE JAHRESZEITENPROBLEMATIK

Die Prozeßanalyse des Tourismus bedarf noch der saisonalen Differenzierung. Der Saisoncharakter ist in den traditionellen europäischen Fremdenverkehrsgebieten ein bekanntes und viel diskutiertes sozioökonomisches Problem. Über Südasien hinaus ist in allen tropischen Ferntourismusräumen ein Phänomen charakteristisch, das man als *„doppelte Saisonalität"* bezeichnen kann. Damit wird ein Zweifaches gekennzeichnet:

1. der Jahreszeitencharakter bestimmt durchaus auch tropische Breiten, nämlich durch hygrische (= Niederschlags-) Jahreszeiten, und
2. gewisse jahreszeitliche Abhängigkeiten der tropischen Zielgebiete von traditionellen Urlaubszeiten, vor allem Schulferienzeiten in den Herkunftsländern, den Märkten.

Abb. 11 zeigt im inneren Feld den Jahresgang der Niederschläge, der Monate mit sehr hohen Niederschlagsmengen als Touristensaison ausschließt: z.B. die ceylonesische Westküste und das Bergland zur Zeit des Südwestmonsunmaximums von Mai bis Juli etwa und zur Zeit des Nordostmonsuns von Oktober bis November oder die ceylonesische Ostküste zur Zeit des Nordostmonsunmaximums von November bis Dezember. Die hygrischen Jahreszeiten Sri Lankas beeinflussen den Tourismus auf komplexe Weise: den Touristenstrom, Verkehrsstrom und seine Kapazität bzw. Auslastung, Bettenauslastung in den Beherbergungsbetrieben, Saisonbeschäftigte, Saisongeschäft usw. Touristisch gesehen sind die Wintermonate die relativ trockenste und sonnigste Jahreszeit, das Meer ist ruhig. Also Hochsaison dann, wenn der Tourist aus nördlicheren Breiten gern den Winter flieht, um Sonne und Wärme zu tanken („Wintertourismus"). Im Nordsommer bietet Sri Lanka an seiner

---

[17] Siemens (1980, 259ff.) sieht überspitzt sogar den „Tourismus als neuen Impuls einer abhängigen Entwicklung" (Parallele zur Plantagenwirtschaft).

Ostküste die erwünschte Sonne und Regenlosigkeit an. Abb. 13 weist auch auf die regionale Differenzierung der Bettenauslastung nach hygrischen Jahreszeiten bzw. Monaten hin. Die touristisch relevanten Küsten- und Binnenorte Sri Lankas sind wie in allen südasiatischen Monsunländern durchaus saisonabhängig. Wenn während der Südwestmonsunregen (Mai bis Juli etwa) an der Westküste und im Bergland dennoch kleine Verkehrsspitzen auftreten, liegt dies an *Ferientraditionen* bzw. -notwendigkeiten, die in manchen Herkunftsländern (USA, Japan, Großbritannien, Frankreich — s.a. Abb. 12) ins Gewicht fallen. Die Franzosen zeigen in den traditionellen Ferienmonaten Juli/August die höchste, im November bis Februar die längste Frequenz, ähnlich die Briten. Zusätzlich spielt die Kandy Perahera, die große buddhistische Zahnprozession, als touristische Attraktion neben dem starken Pilgerstrom für die Augustspitze eine wichtige Rolle. Die Verlängerung der winterlichen Hochsaison bis in die Vormonsunzeit hinein (März bis April) mit entsprechend relativ hohen Touristenzahlen ist in den rund zweiwöchigen Osterferien vieler Industrieländer begründet. Colombo zeigt eine relative saisonale Ausgeglichenheit, aber im Vergleich zu anderen südasiatischen Metropolen (z.B. Singapur, Bangkok) mit weit größerer verkehrsgeographischer Anziehungskraft und Handelsgewicht ist die sommerliche „Off Season" Colombos deutlich genug.

Zum Vergleich sei der saisonale Verlauf in *Thailand* als der stärksten südasiatischen Touristikkonkurrenz zu Sri Lanka analysiert. Dort ist diese zweite, kürzere touristische Hochsaison, basierend auf Ferientraditionen und -notwendigkeiten in gewissen Herkunftsländern, sehr viel ausgeprägter als in Sri Lanka, obwohl beide Länder touristisch ungünstige Niederschlagsmaxima während des sommerlichen Südwestmonsuns erhalten. Bangkoks Charakter als südostasiatisches Geschäftszentrum und Drehscheibe ist für den gleichmäßigeren, also witterungsunabhängigen touristischen Jahresverlauf verantwortlich. So ist die Auslastung der Hotelbetten hier kein so ernstes Problem wie in den saisonabhängigen Küsten- und Binnenorten Thailands und Sri Lankas (vgl. auch Callegari 1976).

Die Bedeutung der Saisonalität für den Tourismus in den Tropen und so auch in Sri Lanka ist freilich insofern *begrenzt bzw. gemildert*, als die Niederschläge an der am stärksten besuchten Südwestküste und im Bergland (Rundreisen!) mit ihrem monsunal beeinflußten immerfeuchten Klima, aber auch an den anderen Küsten mit etwas längeren Trockenzeiten keine Dauerregen sind. Heftige, aber kurze Regengüsse am Nachmittag sind zwar fast täglich charakteristisch. Sie bringen erfrischende Abkühlung, aber am nächsten Morgen scheint die Sonne wieder. Häufig bedeckter Himmel kennzeichnet die abklingende Südwestmonsunzeit (August—September), die sich deshalb für Sonnenhungrige weniger eignet. Die touristisch besonders relevante Sonnenscheindauer vermittelt für die wichtigsten Touristikregionen folgende Tabelle 9 (s. S. 43).

Für alle Stationen gilt März bzw. April als sonnenreichster Monat. Die längste Sonnenscheindauer und die höchsten Stundenzahlen werden in der sogen. Trockenzone erreicht, touristisch relevant darin die im mittleren Inselinnern gelegenen Ruinenstätten (Station Maha Illuppalama, 30 km südlich Anuradhapura) und die mittlere Ostküste (Stationen Trincomalee und Batticaloa), die kürzeste Sonnenscheindauer und niedrigsten Stundenzahlen im Teehochland (Station Pedro Group, 3 km von Nuwara Eliya entfernt); die immerfeuchte Westküste (Station Colombo) und im abgeschwächten Sinne das ebenfalls immerfeuchte Kandy-Bergland haben eine mittlere Sonnenscheindauer.

Tab. 9: Mittlere tägliche Anzahl der Sonnenscheinstunden nach Monaten (1962–1971)

Station	N	D	J	F	M	A	M	J	J	A	S	O
Colombo (Westk.)	6,3	6,2	7,5	8,2	8,6	8,3	6,2	6,6	6,1	6,4	6,1	6,1
Trincomalee	5,4	4,8	6,1	7,7	8,4	8,7	7,9	8,1	7,4	7,8	7,6	6,6
Batticaloa (Ostk.)	6,6	5,5	6,5	8,1	8,6	9,0	8,1	8,8	8,1	8,5	8,2	7,5
Maha Illuppalama (Inneres)	6,2	5,1	6,8	8,5	8,8	9,0	8,4	8,6	7,7	8,4	7,8	6,8
Kandy (550m) (Bergld.)	5,1	4,8	5,9	7,4	7,6	7,2	6,6	6,1	5,7	6,1	6,1	5,7
Pedro Group (Hochld.)	4,0	3,7	4,9	5,9	6,5	5,5	4,9	4,4	4,4	4,3	3,8	3,8

Quelle: Domrös 1974, 174

2.3. DIE INNOVATIVE BEDEUTUNG DES FERNTOURISMUS

Die amtliche und nicht minder die private Initiative haben, als mit den Düsenmaschinen Anfang der sechziger Jahre der Ferntourismus in tropische Zielgebiete zu expandieren begann, in Sri Lanka die Bereitschaft zur Entwicklung des Ferntourismus gezeigt. Wenn man von den bescheidenen sporadischen Anfängen eines kolonialzeitlichen Tourismus absieht, verlangt ein solches Ziel in Richtung Diversifizierung der ceylonesischen Wirtschaft (S. 35 ff.) und auf der Grundlage eines vielfältigen Natur- und Kulturpotentials (S. 30 ff.) eine geistige Bereitschaft zu folgenden innovativen sozioökonomischen Maßnahmen („Adoptionsprozeß"[18]), um internationalen Marktansprüchen zu genügen und konkurrenzfähig zu werden:

— Marktentwicklung
— Entwicklung des Charterflugverkehrs
— Schaffung einer touristischen Infrastruktur
— Entwicklung eines siedlungsgeographischen Ghettocharakters
— Touristik-Beschäftigte, vor allem Hotelbeschäftigte als neuer Beruf (Primäreffekt)
— Entwicklung einer Souvenirindustrie (Sekundäreffekt)
— Entwicklung eines touristisch adäquaten Transportsystems.

Die Frage, wie sich die räumliche Diffusion solcher Innovationen auf das Land und seine Menschen auswirkt, wird durchaus ambivalent diskutiert; sie ist als raumrelevanter Prozeß nicht frei von Hemmnissen und Konflikten (Sievers 1982 b).

[18] Vgl. hierzu grundsätzlich auch Bronger (1975).

Die in Abb. 6 dargestellte Marktentwicklung verdeutlicht die bemerkenswert starke Zurückdrängung des einstigen Schwergewichts: indischer und britischer Markt seit 1970. 1965 waren sie noch dominierend, wobei der hohe indische Anteil nicht als echter touristischer Markt gedeutet werden kann, sondern als ein starker Geschäfts- und Besuchsverkehr aufgrund der besonderen südindisch-ceylonesischen Verhältnisse (vor allem indische und ceylonesische Familien). Seit 1970 tritt der *westeuropäische Markt* dominierend und zwar einseitig an die Spitze. Von 40 % stieg sein Marktanteil 1980 auf 67 % an. Diese Entwicklung wurde gefördert durch vor allem drei starke Touristenströme (vgl. Tab. 7):

— führend mit 23.4 % Marktanteil die Deutschen (1980),
— folgend mit 10.6 % die Franzosen und
—   mit 9.6 % die Briten,
— während die Skandinavier (vor allem Schweden) auf nur noch
         5.8 % zurückgefallen sind.

Diese Marktinnovation beruht durchaus nicht nur auf der Entwicklung der Einkommensverhältnisse, sondern ebenso auf dem kostensenkenden Einsatz von *Chartermaschinen* (B. R. Deutschland, Skandinavien, 1980 erstmalig Großbritannien) und verbilligten Gruppenreisen in Linienmaschinen (Frankreich) im Zusammenhang mit durchorganisierten Pauschalangeboten g r o ß e r Reiseveranstalter, eine für das abgelaufene Jahrzehnt in Sri Lanka wie in einigen anderen tropischen Zielländern ökonomisch entscheidende Innovation. Der große Durchbruch aufgrund von 30 % Anteil am Flugverkehr zeigte sich erstmals 1971. Die zunehmende Bedeutung des Charterverkehrs äußert sich in folgenden Zahlen:

1967	10 % des gesamten Flugverkehrs
1970	22 %
1975	30 %
1980	26 % und sogar 35 % des westeuropäischen Flugverkehrs

Quelle: CTB Annual Statistical Reports

Die Chartertouristen kommen zu 99 % aus Westeuropa. Der Touristenanteil an allen Chartermaschinen betrug 1979 45.0 % und 1980 55.6 %. Britische Touristen, die bis 1979 anteilmäßig noch unter den Franzosen und Skandinaviern lagen, haben erstmals 1980 allein durch Charterangebote (Sterling und Laker) unter den Westeuropäern den dritten Rang erzielt.

Der Anteil einzelner Chartergesellschaften (z. B. Condor, Hapag-Lloyd, LTU unter den deutschen) fluktuiert von Jahr zu Jahr und Monat zu Monat. Wie sehr inzwischen der deutsche als der größte Markt Sri Lankas auf den preisgünstigen Chartermaschinen basiert, zeigen folgende Zahlen (CTB 1980):

Deutsche Touristenankünfte	75 380
Deutsche Chartertouristen	41 870 = 55.5 %
(Anteil deutscher Chartertouristen 1979:	56.7 %)

Als dritte Innovation der siebziger Jahre ist die *touristische Infrastruktur* als bedeutender physiognomischer und sozioökonomischer Komplex zu nennen. Er steht in starker Abhängigkeit von Wachstum, Verhaltensweisen der Märkte und das heißt vor allem des westeuropäischen Marktes und darin wiederum zu rund 30 % aller deutschsprachigen Märkte. Entsprechend ihrem hohen Anteil stellt sich die Hotelindustrie auf deutsches und französisches Publikum ein. Eine *Hotelindustrie* internationalen Standards ist für Sri Lanka ein Novum der siebziger Jahre, wenn man von den bescheidenen kolonialen Anfängen in Colombo absieht (s. S. 17 f.). Noch 1965 gab es erst 3 große, aber veraltete Hotels, 2 in Colombo und eines in Kandy, in denen 50 % aller ausländischen Touristen bzw. Besucher übernachteten (ohne Inder und Pakistaner, nach Guneratne 1967, 64 ff.). Als Innovationen im einzelnen sind hier zu verstehen

— der internationale Zuschnitt der Hotels in Bezug auf den heute international gültigen Komfort, der allein internationale Touristen in großer Zahl bzw. Gruppen und internationale Reiseveranstalter interessieren kann;
— der Bau von Groß- bzw. Luxushotels, wenn auch in Sri Lanka in sehr begrenzter Zahl;
— im besonderen Falle Sri Lankas der Sinn für eine harmonische Verschmelzung von einheimischen tropischen Baustilelementen mit modernen Bequemlichkeiten und für die Einbindung der Bauten in die Tropenlandschaft;
— die räumliche Verdichtung zu Hotelzonen, wie locker diese auch im Vergleich zu unseren europäischen Feriengebieten sein mag: ein weiteres Merkmal vieler tropischer Entwicklungsländer;
— die Errichtung CTB-amtlicher „National Holiday Resorts" (bisher Bentota an der Südwestküste, Passekudah an der Ostküste, Giritale und Polonnaruwa in der althistorischen Inselmitte, geplant für Trincomalee); damit sind ausdrücklich Feriengebiete geschaffen worden, d. h. zu ihrer amtlich geplanten Entwicklung in privater Initiative sind geschlossene Areale zur Verfügung gestellt worden — freilich nicht, wie unter „national" verstanden werden könnte, für überwiegend binnentouristische Zwecke, sondern in erster Linie für devisenträchtige ausländische Besucher;
— die Schaffung von sogen. Feriendörfern (bisher in sehr begrenzter Zahl und nicht vergleichbar mit den großen Komplexen anderswo mit Einkaufszentren und weiteren Touristikeinrichtungen);
— die Qualitätskontrolle der Hotelindustrie, was eine begrenzte Klassifizierung betrifft: eine Einstufung der Gästehäuser in drei Gruppen (A, B, C) und ein „Grading" der Hotels, d. h. eine CTB-amtliche Anerkennung, aber noch keine Einstufung (Hemmungen vor Empfindlichkeiten)[10].

Zwischen etwa 1930 und 1960 war kein neues Hotel gebaut worden. 1953 gab es nicht mehr als 1318 „Hotelbetten", was damals „immer noch ein ernstes Problem" darstellte (Ceylon Yearbook 1955, 216). Die quantitative Entwicklung aller amtlich anerkannten und weiterer nicht anerkannter Beherbergungsbetriebe (graded und

[19] Five Year Plan 1977—1981 (CTB April 1977).

Tab. 10: *Quantitative Entwicklung der Beherbergungsbetriebe*

Jahr	Zahl d. Betriebe			Zahl d. Zimmer	Zahl der Betten		
	graded	non-graded	zus.	graded	graded	non-graded	zus.
1965							
1967				1 091			
1968		+		903		+	
1969				989			
1970				1 408			
1971				1 767			
1972	48	56	104	1 891	3 646	743	4 389
1973	56	63	119	2 468	4 936	1 110	6 046
1974	65	91	156	2 905	5 699	1 647	7 346
1975	73	95	168	3 632	7 142	1 755	8 897
1976	85	103	188	4 581	8 913	2 075	10 988
1977	90	104	194	4 851	9 447	2 013	11 460
1978	93	78	171	5 347	10 431	1 523	11 954
1979	95	74	169	5 599	11 212	1 541	12 753
1980	101	81	182	6 042	11 790	1 546	13 336

+ keine zuverlässigen Angaben (Beginn der CTB-Statistik erst 1967)

Quelle: CTB Annual Statistical Report 1980

nongraded) im letzten Jahrzehnt zeigt einen kontinuierlich steilen Anstieg und zwar am stärksten an den West-, Süd- und Ostküsten.

Die IBRD-Mission hatte aus der Sicht der noch zögernden Tourismusentwicklung 1967 und des geringen, qualitativ weithin unbefriedigenden Standes große Anstrengungen für notwendig gehalten, die in ein Zehnjahresprogramm der Hotelentwicklung des CTB (1967–76) einmündeten. Dies führte ab 1972 einen großen Schritt voran, was die Zimmer/Bettenkapazität betraf. Sie wurde in der graded-Kategorie innerhalb der folgenden drei Jahre verdoppelt bzw. innerhalb der folgenden sechs bis sieben Jahre verdreifacht. Bei den Betrieben ohne internationalen Standard erfolgte zunächst eine gleiche Kapazitätsverdoppelung, dann aber ein Rückschlag bzw. eine Umwandlung, d. h. Verbesserung in standardisierte und damit teurere Angebote. Die Auslastung ist freilich eine ganz andere Frage und außerhalb Colombos in den Touristikregionen ein mehr oder weniger brennendes sozioökonomisches Problem (vergl. S. 39, 61 und Tab. 14). Die prognostizierte touristische Weiterentwicklung, eine Verdoppelung der Touristenzahlen von rund 250 000 1979 auf rund 500 000 1984 – nach den bisherigen Erfahrungen eher zu niedrig als zu hoch gegriffen – macht in den touristisch bevorzugten Regionen eine deutliche Kapazitätserweiterung notwendig, wenn man allein den kontinuierlichen Anstieg deutscher Touristenzahlen, aber auch aller westeuropäischen bedenkt. Die für 1981 prognostizierte Zielzahl von 6677 Hotelzimmern bei angenommenen 253 000

Touristenankünften[19] ist durch den schnelleren Prozess (1981 bereits 400 000 überholt und eine Kapazität von 12 000 Zimmern realistischer. Die Verantwortlichen in Politik und CTB stehen durchaus zurückhaltend einer zu starken Expansion gegenüber bzw. diskutieren sie kontrovers aus Gründen des wirtschaftlichen Risikos und der alten Kulturtradition (s. S. 122).

Eine vierte Innovation ergibt sich aus dem *räumlichen Ghettocharakter* der neuen Touristikzonen. Diese touristischen Ghettos, die Hotelzonen und insbesondere die geradezu „amtlichen" und eingezäunten, damit abgeschirmten National Holiday Resort-Flächen, sind gewissermaßen Nachfolger der kolonialzeitlichen „Europäerviertel" geworden. Damals wie heute lassen sie sich begründen. Es geht um die Bevorzugung lagegünstiger luftiger Zonen: aussichtsreiche Hügellagen (Raum Kandy) oder Meereslagen (Küsten). Dann geht und ging es um Infrastrukturmaßnahmen (Versorgung mit Verkehrsstraßen, Stromnetz, Kanalisation), vor allem aber um sozialräumliche Abschottung. So heben sich seit je Größenausmaß und hoher materieller Anspruch zusammen mit räumlicher Distanz von der traditionellen Siedlungs- und Lebensweise kontrastreich ab. Wobei allerdings einschränkend betont werden muß, daß die Raumwirksamkeit sich nie mit europäischen oder amerikanischen Dimensionen vergleichen läßt, sondern sich physiognomisch nur wenig auffallend darstellt (vgl. Abb. 14ff.). Die raumrelevanten Phänomene dieses Diffusionsprozesses werden im dritten Hauptabschnitt „Regionale Strukturen..." analysiert.

Eine im unmittelbaren Zusammenhang mit der neuen Hotelindustrie stehende weitere Innovation sind für Sri Lanka neue Berufe, die eine moderne Touristik verlangt, allen voran *Hotelbeschäftigte*. Schon das Zimmerpersonal muss fremdsprachenkundig und fachlich geschult sein (als Zielvorstellung, in großen Hotels Bedingung). Die zu dieser Kategorie gezählten Kellner werden entweder in der 1968 mit deutscher Hilfe gegründeten Hotelfachschule im Colombo in Kursen ausgebildet oder in den Großhotels in eigener Regie.[20] Relativ gutes, geschultes Dienstpersonal hat es auf Ceylon in Hotels und Gasthäusern zwar in britischer Zeit immer schon gegeben, aber dies entsprechend begrenzt und auf britisches Publikum zugeschnitten. Ein gewisser englischer Wortschatz war in Ceylon, im Vergleich zu Indien etwa, in kolonialer Zeit auch auf der unteren Ebene selbstverständlich, aber im Laufe der Unabhängigkeit (Bandaranaike-Regime, 1956–1977) so vernachlässigt, daß es gegenwärtig aller Anstrengungen bedarf, der jungen Generation schulisch gute englische Sprachkenntnisse zu vermitteln, vollzieht sich doch nach wie vor vieles im englischen Medium. Management und nicht zuletzt Köche erhalten je nach Betriebsgröße und Rang fachlich und fremdsprachlich Auslandsschulung (z.B. bei Hotelketten oder im Rahmen der Entwicklungshilfe), sofern nicht ausländische Fachkräfte auf begrenzte Zeit engagiert werden, die für die Weiterschulung des gehobenen Personals verantwortlich sind. Trotzdem – von der Masse derer,

---

[20] Anstellungsbedingung in allen Hotels ab gehobener Mittelklasse für Kellner und Führungsebene sind begrenzte deutsche und französische Sprachkenntnisse; in den internationalen Spitzenhotels wird vom Zimmermädchen aufwärts eine höhere Schulbildung verlangt.

die eine höhere Schulbildung absolviert haben und eine „white collar"-Stellung auf dem engen ceylonesischen Markt suchen — haben viel zu wenige eine Chance als Beschäftigte in der Touristikindustrie. Dazu zählen nach den Hotelbeschäftigten die Angestellten in den Büros der Fluggesellschaften, in den vielen Reisebüros und Mietwagen-Unternehmen (Management, Büroangestellte, Fahrer), in den Touristengeschäften, und als Sekundäreffekt die für die neue Souvenirindustrie bzw. für die überwiegend noch im handwerklichen Betrieb arbeitenden Menschen. Das Batikgewerbe ist zwar eine alte vergessene, aber nun touristisch attraktiv gewordene Innovation, die viele Frauen und Mädchen beschäftigt. Ein wichtiges Desiderat ist noch der Ersatz ausländischer durch inländische, in Kursen kulturhistorisch und landeskundlich im weitesten Sinne geschulte Fremden- und vor allem Touren- bzw. Rundreiseführer. Man setzt eine höhere Schulbildung voraus. Gleichzeitig wird sich eine weitere wichtige Kontaktbrücke ergeben.

Eine andere Innovation vollzieht sich auf dem *Verkehrssektor*, wird aber auf der politischen Ebene aus Devisengründen nur sehr zögernd vorangetrieben, obwohl einst auch darin Ceylon innerhalb Südasiens eine Vorrangstellung einnahm. Taxis, Mietwagen, Busse des den internationalen Touristen gewohnten bzw. tropenklimatisch angepaßten Standards werden nur langsam eingeführt. Der gegenwärtige Wagenpark befindet sich in einem weithin veralteten Zustand. Die von Touristen am meisten frequentierten Straßen: Colombo — Kandy — Hochland, Colombo — Ruinenregion — Kandy, die Küstenstraßen Colombo — Negombo und Colombo — Galle und südwärts weiter sind in ihrer geringen Fahrspurbreite und Qualität dem enorm gestiegenen Verkehrsaufkommen nicht mehr gewachsen. Das Eisenbahnnetz ist mit Ausnahme eines täglichen Aussichtswagens im Zug von Kandy ins Hochland bis auf organisierte, also sehr begrenzte und nur Touristen zur Verfügung stehende „Luxuszüge" zwischen Colombo und Kandy ebenfalls sehr veraltet, völlig überfüllt und schon aus klimatischen und hygienischen Gründen anspruchsvollen Touristen kaum zu empfehlen, so positiv die Kontaktmöglichkeiten mit englischsprechender einheimischer Bevölkerung auch sein mögen. Die Modernisierung der Wagen auf der überaus stark frequentierten Küstenstrecke Colombo — Galle — Matara und nordwärts Richtung Negombo sind weitere dringliche innovative Schritte, die vor allem auch der Bevölkerung zugute kämen.

Auf dem Gebiet der modernen Touristik wird die Innovationsbereitschaft also von finanziellen Innovationshemmnissen so lange in Schranken gehalten, wie der finanzielle Spielraum, zögernde Politik und das Gesamtkonzept unbefriedigend bleiben.

2.4. DER INLANDSTOURISMUS IN RELATION ZUM FERNTOURISMUS

Da der Inlandstourismus vor der neuen und gezielten Entwicklung des Ferntourismus in Sri Lanka wie in den meisten tropischen Ländern nur geringe Bedeutung hatte (s.S. 12) und der Devisenfaktor im Ferntourismus eine entscheidende Rolle spielt, hat auch das CTB dem Inlandstourismus bisher nur wenig konkrete Aufmerksamkeit geschenkt. Alle Bemerkungen zum Inlandstourismus in offiziellen Tourismuspapieren (Planung, Berichte, Jahrbücher) sind allgemein gehalten und wenig interpretationsfähig. Statistiken sind völlig unbefriedigend und vermitteln nur grobe Anhaltspunkte. Konkrete Planungen und Berichte zum Thema fehlen. Das gilt auch für die Sonderform des asiatischen Inlandstourismus, den Pilgertourismus, obwohl hier große Massen in Bewegung sind mit allen Konsequenzen (Verkehr, Versorgung, Beherbergung)[21]. So ist dieser Abschnitt eher als ein Darstellungsversuch aufgrund langjähriger Landeskenntnis, Beobachtung und Recherchen zu verstehen.

Soziokulturell unterscheidet sich Sri Lanka von manchen tropischen Beispielen dadurch, daß in asiatischen anders als in lateinamerikanischen Ländern das Phänomen „Urlaub", „Freizeit", „Erholung" verbunden mit dem Begriff „Reisen" unbekannt ist bzw. sich erst durch die westlichen Kontakte in noch kolonialer Zeit (Ceylon) oder sogar erst in jüngster Zeit (Japan) recht zögernd entwickelt. In der einzigen modernen asiatischen Industriegesellschaft, Japan, spielt es auch heute noch lange nicht, weder räumlich noch zeitlich, die Rolle im Lebensrhythmus wie in den westlichen Industriegesellschaften (Schöller 1980).

Naherholung bieten Grünflächen (von den Briten angelegt), Seen, die Strände erst neuerdings. Die Oberschicht folgt dem Beispiel westlicher Touristen darin zögernd. Eine lange, schon koloniale Tradition dagegen hat bei der Oberschicht das Mt. Lavinia Hotel mit seinem Strand. Ausgewiesene Nacherholungsgebiete mit *touristischen Einrichtungen* wie Restaurants, Spielplätzen gibt es jedoch nicht, dafür aber mit fliegenden Händlern in den Stadt- und Stadtrandgebieten. Das Bedürfnis nach Erholung, Abwechslung, der Befolgung uralter religiöser Traditionen wird in allen städtischen wie vor allem ländlichen Bevölkerungsschichten in den nahen buddhistischen und hinduistischen Tempelbezirken befriedigt, wo man sie zumeist vor Sonnenuntergang in großen Scharen, wenn nicht Massen antrifft.

Vom inzwischen in der lohnarbeitenden Bevölkerung üblichen Urlaub (zu Hause, in der Landwirtschaft, orientalisches Nichtstun) auf eine *Urlaubsreise* zu schließen, ist auch bei der städtischen Bevölkerung fehl am Platze. Folgende Reiseziele sind vorherrschend. In der Oberschicht hat bis auf den heutigen Tag die Europareise — meist als organisierte Gruppenreise — Prestige-Vorrang mit London als Hauptziel, bei den Katholiken außerdem Rom. Das ist übrigens für die Reisegewohnheiten der Oberschicht in ganz Südasien charakteristisch (G. W. S. Robinson 1972). Die von internationalen Touristen frequentierten und deshalb sozial erstrebenswerten Hotels sind im Gegensatz zu früher für den größten Teil der Intelligentsia-Schicht unbezahlbar, weil die Preisgestaltung sich am Dollar orientiert (s. auch S. 32). So trifft man diese Familien mit Vorliebe an Wochenenden zum preisgünstigen Curry-Lunch in den Strand- oder auch Stadthotels an, aber selten als Hausgäste. Das in allen amtlichen und halbamtlichen Verlautbarungen betonte Bemühen, auch in Planungen ausgedrückt, den Inlandstourismus durch preiswertere touristische Angebote zu fördern, nämlich durch familiengerechte Ferienhäuser, Gästehäuser, Hotels, Campingplätze, macht bisher nur geringe Fortschritte. Bereits 1970 wurde die For-

---

[21] Bei der jährlichen Verkehrszählung wird der Pilgerverkehr als das normale Bild „verzerrend" sogar ausgeklammert (Information des Dir. of Highways).

derung nach „dual standard facilities and services" erhoben (Ceylon Year Book 1970). Ein räumliches Auseinanderklaffen der harten westlichen Währung gegenüber nationaler Währung und Einkommensverhältnissen verstärkt den bereits geschilderten räumlichen Ghetto-Charakter um die soziale Nuance. Die ceylonesische Politik der Hotelpreisanpassung an vergleichbare Standards im Westen schließt die touristische Partizipation der Ceylonesen aus. Dieses sicher nicht gewollte soziale Ghetto — also auch ein Nord-Südgefälle! — gibt es innerhalb Südasiens nur in Sri Lanka und bedarf dringend einer Korrektur. Der kolonialbritischen Tradition folgend sind bei der oberen Mittelschicht und Oberschicht kurze Oster (!) ferien im Hochland, vor allem in Nuwara Eliya und Bandarawela beliebt, wo sie die einst britischen Bungalows besitzen, in Gästebungalows übernachten oder die wenigen vom CTB neu erbauten Familienbungalows zum preiswerten Selbstwirtschaften mieten. Insgesamt handelt es sich um so wenige Angebote, daß eine Zahlenübersicht nicht lohnt. Die billigen, noch nicht in den internationalen Tourismus einbezogenen Rasthäuser stehen für nur kurzfristige Übernachtungen, überwiegend für beruflich bedingte Überlandfahrten zur Verfügung. Was für die Naherholung zutrifft, gilt abgewandelt für größere Entfernungen. Für die Masse der ceylonesischen Bevölkerung aller sozialen Schichten ist die wichtigste Reiseform die *Pilgerfahrt* zu den großen nationalen Pilgerzielen im engeren (s. Abb. 2: „P") und weiteren Sinne (althistorische Kulturstätten). Sie ist so typisch asiatisch, daß sie weiter unten ausführlich dargestellt werden soll (S. 51 ff.).

Das *zahlenmäßige Volumen* des inländischen Tourismus ist nach dem bisher Gesagten schwer zu fassen. Die folgende CTB-Statistik ist mit großem Vorbehalt zu bewerten, zumal sie nicht alle Beherbergungsarten, zum Beispiel Pilgerraststätten, erfaßt und eine Vergleichbarkeit in- und ausländischer Übernachtungszahlen nicht gegeben ist.

Tab. 11: Inländischer Tourismus: Anzahl der Touristenübernachtungen

Jahr	Zahl d. Übernachtungen	davon in „graded" Betrieben	Zum Vergleich: Internationale Touristenübernachtungen
1966	35 699	.	109 047
1974	117 201	34 828	648 924
1975	137 570	43 429	731 452
1976	152 518	52 901	926 269
1977	136 960	46 070	1 220 353
1978	139 850	63 701	1 350 170
1979	127 861	64 760	1 637 061
1980	106 068	58 990	2 008 581

Quelle: CTB Annual Statistical Reports u.a. Statistiken

Für die letzten Jahre seit 1978 stehen leider keine Zahlen für „andere" = billigere Beherbergungsbetriebe zur Verfügung. Man kann aber einen leichten Anstieg auf rund 100 000 nationale Touristenübernachtungen schätzen, also rund 10 % aller Touristenübernachtungen. Nur 6 − 3 % aller Touristen in „graded" Beherbergungsbetrieben − Hotels, Gästehäuser, manche Rasthäuser − und zwar in abnehmender Tendenz sind demnach inländische Touristen. Dies verdeutlicht eine CTB-Berechnung für (nur) die Jahre 1976 und 1977:

Anteil inländischer an allen Touristen:

	1976	1977
in „graded" Beherbergungsbetrieben	5,9 %	4.0 %
in „supplementary" Beherbergungsbetr.	55,6	44,9
in allen Beherbergungsbetrieben	14,1	10,1

(Zu den Klassifizierungen vgl. Anmerkung 10)

Bemerkenswert sind die regionalen Schwerpunkte inländischer Touristen. Allein 30 % derer, die „graded" übernachten, suchen die „Ancient Cities Region" auf, d.h. Kandy und die alten Kulturstätten, weitere 20 % (Stadt): also im ersten Fall Pilger und Bildungsreisende, im zweiten überwiegend Geschäftsreisende.

Das *Pilgerwesen* bzw. der *Pilgertourismus* ist in Sri Lanka eine uralte Tradition und in den jährlichen Lebensrhythmus integriert. Alle vier in Sri Lanka vertretenen Weltreligionen haben ein verbindendes Merkmal: die Liebe für Prozessionen und Pilgerfahrten, in denen sich südländische Leidenschaft und Inbrunst äußern (Sievers 1964, 127ff.). Es ist deshalb kein Zufall, daß sie sogar gemeinsame, ihnen gleicherweise heilige Pilgerziele kennen: Sri Pada (Adam's Peak) und Kataragama. Abb. 2 verzeichnet nicht nur die international besuchten Touristikregionen, sondern auch die bedeutendsten einheimischen *Pilgerziele* („P"). Die i n t e r national besuchten Ziele sind der buddhistische Zahntempel in Kandy (Dalada Maligawa) und der Adam's Peak (Sri Pada).

Der Zahntempel *Dalada Maligawa* in Kandy, in dem nach der Tradition der überdimensionale Zahn des Buddha in einer kostbaren Monstranz aufbewahrt wird, ist das Ziel alltäglicher Pilgerfahrten, Ziel vor allem aber der großen Esala-Perahera-Prozession im Juli oder August (Vollmond) eines jeden Jahres, die in den letzten Jahren immer mehr zu einem auch internationalen touristischen Ereignis geworden ist. Die saisonale Touristikspitze in Kandy (vgl. Abb. 11 mit 12) hängt mit dieser eindrucksvollen Prozession zusammen. Unter den Königen von Kandy als Beschützern des Heiligtums ist in beherrschender Lage von Kandy, am Ufer des Sees und abseits vom Lärm der Basare, ein großer Tempelbezirk entstanden.

Sri Pada ist jener 2 366 m hoch über dem südwestlichen Küstentiefland sich majestätisch und markant erhebende Gipfel am Steilrand des Hochlandes, der eine eigentümliche Vertiefung im Gipfelfelsen hat. Sie ist als Fußspur Gautama Buddhas den Buddhisten verehrungswürdig, als Fußspur Adams, des ersten Menschen im Paradiese (= Ceylon!), den Mohammedanern und als Fußspur des Indienapostels Thomas den Altchristen Indiens wie den Missionschristen Sri Lankas.

Kataragama, im äußersten trockenen Südosten der Insel an der Menik Ganga gelegen, am Fuße einer schmalen profilierten Bergkette, nimmt eine ganz besondere Stellung unter sämtlichen Wallfahrtsorten Sri Lankas und Indiens ein (Wirz 1954, Hausherr 1978). Den nördlichen Pol der Achse bildet Kailasha in Tibet, den südlichen Kataragama („der Gott des Dschungels"). So ist Kataragama das zweitgrößte Heiligtum aller Hindu. Es birgt in seinen Tempeln Heiligtümer für Hindu, Buddhisten und sogar Muslim gemeinsam. Die sonst so einsame, menschenleere Dornbuschsteppenlandschaft wird in der sommerlichen Trockenzeit, vor allem im Juli, von Tausenden von Pilgern[22] belebt (das etwa 14tägige Esala Perahera-Fest, das Hauptfest). Die einzige, inzwischen von der Regierung verbesserte Straße ist von unzählig vielen temporären, wie Pilze aus der Erde schießenden Buden, Zelten und Ambalams (Raststätten) flankiert. Die Tempel liegen am Ufer der um diese Zeit fast ausgetrockneten Menik Ganga, die von den Pilgern in früheren Zeiten, als es noch keine Brücke gab, ohne Schwierigkeiten durchwatet werden konnte. In der kurzen Regenzeit schwillt die Ganga zu einem reißenden Strom an. Kataragama ist praktisch nichts anderes als ein Tempelzentrum, das von den Einnahmen aus den Wallfahrten lebt. Die übrige Zeit des Jahres liegt es verlassen da.

Die Ruinen-Hauptstadt *Anuradhapura* ist als einzige große Stätte blühender altsinghalesisch-buddhistischer Kultur für die Singhalesen ein bedeutendes Pilgerziel. Ähnliches gilt für die mittelalterliche Ruinen-Hauptstadt *Polonnaruwa,* Nachfolgerin von Anuradhapura. Das Wiedererwachen des Buddhismus hat auch dem einfachen Volk das stolze Bewußtsein gegeben, alte Kulturwerte von hohem Rang zu besitzen, zu denen man genauso pilgert wie zu den anderen großen Tempelheiligtümern.

Die Hindu-Tamilen haben ihre besonderen Pilgerziele, nur daß es sich naturgemäß um kleinere Ausmaße handelt. Der große Tempel der alten Hauptstadt *Nallur* auf der Jaffna-Halbinsel, wenige Kilometer von Jaffna entfernt, besitzt einen ausgedehnten Tempelbezirk drawidischen Stils, freilich nicht mit Gopuren von der Höhe, wie wir sie aus Südostindien kennen.

Ein weiteres bedeutendes Pilgerziel, besonders für die Tamilen der Ostküste ist der Nandi-Tempel von *Trincomalee,* der sich gegenwärtig auch zu einem ausgesprochenen Touristenziel der nahe gelegenen Hotelkolonien von Trincomalee und Nilaveli entwickelt.

Die Fischerchristen von Sri Lanka (und darüber hinaus alle Katholiken) haben zwei große Pilgerstätten. Die größte Wallfahrtsstätte ist *Madhu,* mitten im Vanni, im dichten Dschungel des Nordens gelegen, fernab von christlichen Siedlungen. Hier hat sich im Laufe der Jahrhunderte das „Lourdes von Lanka" entwickelt. 2–300-000 Pilger kommen hier währen der verschiedenen Marienfeiertage für 5 bis 10 Tage zusammen. Ende Juli, zum Festtag der Hl. Anna, ziehen die Christen von überall her nach *Talawila* auf der Kalpitiya-Halbinsel von Puttalam, einem ausgedehnten, auf Nehrungssanden gelegenen Wallfahrtszentrum mit Kirchen, Kreuzwegstationen, mit einer Pilgersiedlung und Basaren.

---

[22] Genauere Pilgerzahlen fehlen (Schätzung Hausherr: rund 100.000).

Die Pilgerfahrten werden grossenteils zu bestimmten *Pilgerzeiten* unternommen[23]. Anders als in Indien (s. S. 13), aber auch unter Beachtung der monsunalen Niederschlagsbedingungen sind in Sri Lanka die Sommerferienmonate im Juli (z. B. Katagarama) und August (Dalada Maligawa/Kandy, Marienheiligtum Madhu) — also für die Westseite unmittelbar nach den maximalen Südwestmonsunregen — die bedeutendsten Pilgerwochen. Bei den Buddhisten und Hindu spielen außerdem astronomische Zeiten (z. B. Mondphasen wie Vollmond) und religionsgeschichtliche Daten wie der Jahrestag der Einführung des Buddhismus in Sri Lanka (Juni) eine bedeutende Rolle, bei den Christen der Festtag eines Heiligen oder ein Marientag wie der 15. August, außerdem die Abhängigkeit vom Arbeitsrhythmus des landwirtschaftlichen Jahreskalenders. Sri Pada hat seine ausgeprägte Pilgersaison in den relativ trockenen und in der Höhe kühleren Wintermonaten Dezember/Januar bis Februar/März jeweils während der Vollmondphase, wo er zumeist von der Bahnstation Hatton aus (Linie Colombo — Kandy — Hochland) nachts in Prozession erstiegen wird, um beim ersten Sonnenlicht auf dem Gipfel zu stehen. Der Schatten des Berges ist berühmt. Ungezählte Menschenmassen, darunter immer schon westliche Individualtouristen, nicht erst im Zeichen des Ferntourismus, bewegen sich in mühevollem Anstieg aufwärts.

Die alten Ruinenstädte Anuradhapura und Polonnaruwa und der Königsfelsen von Sigiriya kennen keine ausgesprochene Pilgersaison, sondern sind Ziele von Wochenendpilgerfahrten zu allen Jahreszeiten, jedoch vorzugsweise in den Schulferien und in den nachmonsunalen Wintermonaten von Januar bis März, wenn die dortigen Waldsavannen ein frischgrünes Kleid tragen und die alten Stauteichanlagen voll Wasser sind.

Die *pilgertouristische Infrastruktur* betreffen eine angemessene Bettenkapazität (CTB-Planungen), Campingplätze mit Versorgungseinrichtungen, Picknickhütten (Ambalam), die Verbesserung des Straßen-, Wege- und Eisenbahnnetzes, um die

---

[23] Die meisten Fest- bzw. Pilgerzeiten fallen in die touristische „Off-Season" und finden an den entsprechenden Vollmondtagen statt. Hier eine Übersicht über die wichtigsten Ereignisse im Jahreslauf:
Januar: Duruthu Perahera in Kelaniya bei Colombo (Erinnerung an einen legendären Besuch Buddhas in K.)
Dezember bis April: Pilgersaison für den Adam's Peak (alle Religionen)
Anfang April: Neujahrsfest bei Buddhisten und Hindu überall im Land
Mai: Wesakfest (Laternenfest) zum Gedächtnis an Geburt, Erleuchtung und Tod des Buddha — überall gefeiert
Juni: Posonfest in Anuradhapura, Mihintale (Wiege des Buddhismus") und den anderen buddhistischen Ruinenstätten (Gedächtnis der Einführung des Buddhismus durch Mahinda, etwa 307 v. Chr.)
Juli bis August: Fest des Dschungelgottes von Kataragama (Buddhisten, Hindu und Mohammedaner)
Juli: Fest der hl. Anna am 26. Juli in Talawila bei Puttalam (kathol. Fischerchristen)
Ende Juli bzw. August: Esala Perahera in Kandy (Zahnprozessionen) — glanzvollstes aller Feste
August: Fest Mariä Himmelfahrt am 15. August in Madhu (kathol. Christen)
Oktober: Dipawalifest der Tamilen (Lichterfest)

Vieltausende in Bussen und PKWs und zwar mit „Sack und Pack", mit Schlafmatten und Vorräten zu bewältigen; denn solch eine Pilgerfahrt ist das große Ereignis des Jahres, das ausgekostet sein will. Was sich seit frühen Zeiten in Indien über den ganzen Subkontinent hin vollzieht, dann freilich nur ein oder mehrere Male im Leben, z. B. die „Grand Pilgrimage of India" (Bhardwaj 1973, von Glasenapp 1928), geschieht auf der Insel im kleineren. Auch hier ist weithin an die Stelle der noch bis vor rund fünfzig Jahren strapaziösen Fußmärsche durch den unwegsamen menschenleeren, wildreichen Dschungel und krokodilverseuchte Gewässer die Motorisierung getreten[24].

Angestoßen vom Aufbau einer modernen Hotelindustrie im letzten Jahrzehnt haben die Planungsabteilungen im CTB sich in den letzten Jahren mit den pilgertouristischen Belangen im engeren Sinne, nämlich der Planung und dem Bau von *Pilgerbeherbergungsbetrieben* für preiswerte Massenunterbringung, vor allem Schlafmattenlager in Barackenbauten („Pilgerrast" und „Rasthäuser") und für Zeltlager mit entsprechend einfachen hygienischen Einrichtungen, auch von Mietferienhäusern („Cottages") befaßt. Bescheidene finanzielle Mittel stehen insonderheit für die buddhistische Ruinenregion und für Kandy zur Verfügung und zwar aus dem buddhistischen Cultural Triangle Fund. Als „kulturelles Dreieck" wird der Raum althistorischer Kulturstätten zwischen Anuradhapura, Polonnaruwa/Sigiriya und Kandy bezeichnet, wofür das Ministerium für kulturelle Angelegenheiten verantwortlich zeichnet, während die touristischen Infrastrukturaufgaben dem CTB übertragen sind. Die größten Betten- und Mattenkapazitäten gibt es seit längerem in Anuradhapura, Polonnaruwa und Kataragama, einige Zeltlagerplätze außerdem in Sigiriya. Ältere vorhandene Bettenkapazitäten sind nicht registriert und ihr Volumen ist schwer abzuschätzen. In den Tourismusplänen wird allgemein immer wieder nur von der Notwendigkeit preiswerter Übernachtungs- und Verpflegungsmöglichkeiten gesprochen (Raststätten vom Dormitory-Typ), vor allem in den wichtigsten Pilgerzentren des Landes. Die folgende Übersicht soll einen Eindruck von den sehr begrenzten CTB-Planungen für Pilgerunterkünfte geben (Stand Oktober 1980):

Anuradhapura: zu den alten Pilgerraststätten (s. auch Abb. 24) ist eine „Pilger-Rast" mit 50 Betten gebaut
Giritale bei Polonnaruwa: 10 Zeltlagerplätze in Planung, 5 Wohnwagenplätze reserviert
Sigiriya: 10 Zeltlagerplätze reserviert
Kataragama: 1 Rasthaus mit 43 Gästezimmern (bis zu 4 Betten),
2 Dormitory-Säle für Gruppen zu 30 Personen und
2 kleinere Dormitory-Säle für Gruppen zu je 15 Personen. Mattenlager zu insgesamt bis zu 262 Personen, zusätzlich Bade- und Kochmöglichkeiten.

---

[24] Peiris (1950) z.B.: Lebendige Beschreibung der alten Fahrtmittel und Pilgerwege nach Talawila anhand der Quellen. Vergl. auch Sievers 1964, a.a.O.

Die meisten der in den Ruinenorten vorhandenen modernisierten Rasthäuser liegen weit über dem lokalen Preisniveau und sind damit in erster Linie internationalen Touristen vorbehalten.

Zur *Verkehrs-* und *Transport*situation gibt es bisher keinen quantitativen Überblick, weder regional, jährlich, monatlich noch die Pilgersaison betreffend[21]. Aus Beobachtungen und Informationen geht aber hervor, daß die meisten Pilger (Familien) mit der Bahn als dem billigsten Transportmittel unterwegs sind. An zweiter Stelle steht die Beförderung mit Bussen, meist aber nur für kurzfristige Pilgerfahrten, an dritter Stelle der PKW für Einzelfamilien[25].

Zusammenfassend ist festzustellen, daß eine ausgesprochen eigenständige pilgertouristische Infrastruktur, wie sie für die indischen Pilgerzentren von überregionaler Bedeutung auch physiognomisch kennzeichnend ist, in Sri Lanka trotz seiner Pilgermassen nur in Ansätzen vorhanden ist. Das Defizit ist erkannt worden, aber der internationale Tourismus hat als Devisenbringer Priorität, zumal Pilgerfahrten im allgemeinen mit einem Minimum an Kosten gemacht werden, für das normale Touristikgewerbe also ein nur geringer Gewinn erzielt wird. Nur fliegende Händler haben hier ihre große Chance.

---

[25] Vergleichbar ist die Quellenlage in Indien, obwohl allgemein zum Pilgerverkehr viel geschrieben ist (s. besonders Sopher 1968).

3. REGIONALE STRUKTUREN UND PROZESSE DES CEYLONESISCHEN TOURISMUS

Ziel dieses Abschnittes ist die sozialräumliche Differenzierung des Pauschalbegriffes Tourismus, besonders des Ferntourismus in Sri Lanka in Beschreibung und Analyse. Vorangeschickt seien Bemerkungen zur regionalen Aufgliederung in Touristikregionen. Die Statistik des CTB bringt von Anbeginn eine Regionalgliederung, die geographisch zum Teil unbefriedigend ist*. Kartographische Abgrenzungen gibt es bisher noch nicht. So wurden in der Aufbereitung des statistischen CTB-Materials und in den graphischen Entwürfen dort, wo es geographisch relevant erscheint, andere Abgrenzungen und Benennungen vorgenommen. Dies betrifft drei Räume insonderheit (vgl. die folgende Gegenüberstellung und Abb. 2):

1. den Raum Kandy (beim CTB Teil der „antiken Städte")
2. den Raum Negombo (beim CTB Teil von 2.1., nördlich Colombo („Groß-Colombo")
3. die Südwest- und Südküste (beim CTB zusammengefaßt unter „Südküste")

CTB-Gliederung:	Unsere Gliederung:
1. Colombo Resort Region: *City*	1. *Großraum Colombo*:
2. Colombo Resort Region: *Greater Colombo*	1.1. Colombo-Stadt (= Metropole)
	1.2. Stadtnahe Strände (S: Mt. Lavinia, N: Hendala)
2.1. North of Colombo	2. Strandregion an der *Westküste* um Negombo
2.2. South of Colombo	
3. *South Coast* Resort Region:	3. Strandregion an der *Südwestküste* (Kalutara bis Galle)
3.1. up to Galle	
3.2. beyond Galle	4. Strandregion an der *Südküste* (östlich Galle bis Tangalle)
4. *East Coast* Region	5. Strandregion an der *Ostküste*
	5.1. Raum Trincomalee
	5.2. Passekudah – Kalkudah – Bucht
5. *High Country* Resort Region	6. Erholungsräume im *Gebirge*:
6. *Ancient Cities* Resort Region:	
6.1. Kandy Area	6.1. Bergland von Kandy als potentieller Erholungsraum
	6.2. Kolonialzeitl. Höhenluftkurorte im Tee-Hochland
	7. *Althistor. Ruinenregion*:
6.2. Anuradhapura Area	7.1. Anuradhapura
6.3. Polonnaruwa/Sigiriya Area	7.2. Polonnaruwa – Sigiriya
7. *Northern* Region (= Jaffna-Halbinsel)	

* Sie wurde zum ersten Mal, wenn auch aus nur fünf (Haupt-) Regionen bestehend, nämlich aus den Regionen 2,3,4,5 und 6 der CTB-Gliederung, im Ceylon Tourism Plan von 1967 (Amerikaner Harris, Kerr u.a.) gebracht und seitdem vom CTB untergliedert.

Die geographische Begründung für die Änderungen wird in den entsprechenden regionalen Abschnitten gegeben.
Für alle ceylonesischen Touristikräume gilt, daß sie sich nur zum kleinen Teil und bedingt (Mt. Lavinia, Negombo, Südwestküste) als Urlaubsgebiete mit einer gewissen, d.h. aus westlicher Sicht bescheidenen infrastrukturellen Dichte kennzeichnen lassen. Begriffe wie Fremdenverkehrsort, Seebad, Kurort, Luftkurort bzw. heilklimatischer Kurort würden bei den in Abb. 3 aufgeführten touristisch relevanten Orten falsche Vorstellungen wecken[26]. Nuwara Eliya als kolonialzeitliche Hill Station ist eine bedingte Ausnahme. In dieser Charakteristik ist Sri Lanka mit den anderen südasiatischen Touristikregionen vergleichbar, die häufig genug nur punktueller Ausdehnung sind. Juhu Beach im Bannkreis Bombays, Pattaya in Südthailand mit beachtlicher touristik-infrastruktureller Dichte sind große Ausnahmen. Allerdings unterscheiden sich die Touristikregionen Sri Lankas von anderen südasiatischen Zielgebieten durch ihre relative räumliche Ausdehnung und Streuung über weite Teile der Insel. Darin ist Sri Lanka innerhalb Südasiens und im Vergleich zu manchen weiteren Zielgebieten in tropischen Entwicklungsländern das einzige F e r i e n land.
Die Struktur- und Prozeßanalysen der Touristikregionen betreffen folgende Aspekte:

— geographische Lagebeziehungen
— Potential
— Erschließungsprozeß, touristische Infrastruktur
— die Touristen
— Saisonalität
— Zukunftsperspektiven

Zur Einführung in die einzelnen Abschnitte sei ein *Überblick über die regionale Differenzierung* anhand einiger Tabellen und Diagramme gegeben. Die folgende Tabelle weist auf die großen regionalen Unterschiede in der touristischen Nachfrage und ihrer Entwicklung hin (s. Seite 58). Vgl. dazu Abb. 13.
Eine Zahlenanalyse ergibt, daß die Metropole mit rund einem Viertel aller *Übernachtungen* in Sri Lanka dominiert. Wenn zu Recht Mt. Lavinia und Hendala hinzu gerechnet werden, kann der touristische Schwerpunkt Groß-Colombo mit seinen stadtnahen Stränden auf 35 % geschätzt werden. Bei Colombo-Stadt spielt der Geschäftstourismus eine bedeutende Rolle. Alle anderen Regionen sind von reinem Erholungs- und Bildungstourismus geprägt, auch die Strände bei Colombo. Der zweitbedeutendste touristische Schwerpunkt ist mit 20 % die Südwestküste von Kalutara bis Galle, dicht gefolgt von der Westküste um Negombo mit rund 15 % (geschätzt: Abzug von Hendala). Die jüngst entwickelte Südküste und die Ostküste als weitere Strandurlaubsregionen sind quantitativ vergleichsweise unbedeutend (6 % bzw. 5.5 %). Der Raum Kandy hat wegen seiner bislang begrenzten touristischen Durchgangsfunktion mit nur 8 % einen seinem großen Potential keineswegs

---

26 Das trifft selbst für den so viel älteren touristischen Prozeß in der Karibik zu, von wenigen Ausnahmen wie Nassau (Bahamas) und Charlotte Amalie (St. Thomas) abgesehen — auch heute noch, lange nach Blume (1963).

Tab. 12: Internationale Touristenübernachtungen in klassifizierten Beherbergungsbetrieben nach Regionen und Monaten 1980

Touristikregion[+]	Jahr	J	F	M	A	M	J	J	A	S	O	N	D
1.1. Colombo-Stadt	493 110	51 093	47 113	48 801	38 874	35 471	30 716	35 315	44 535	34 339	38 196	41 802	46 765
1.2. Mt. Lavinia	117 988	14 542	15 257	14 813	9 308	5 643	3 842	5 812	10 414	7 327	8 596	9 603	12 831
2. Negombo-Küste[++]	327 425	40 268	38 133	38 140	21 822	12 173	9 190	20 967	27 447	21 437	26 362	32 824	38 662
3. Südwestküste	424 423	58 183	52 122	51 309	31 456	14 283	11 074	18 667	31 153	26 824	33 340	41 961	53 961
4. Südküste	121 117	18 865	17 586	15 408	9 145	3 766	2 566	4 127	7 220	4 715	6 640	13 077	18 002
5. Ostküste	120 417	6 869	7 394	8 880	9 823	9 151	10 918	16 890	21 640	11 289	7 107	4 689	5 767
6.1. Kandy-Bergland	148 480	14 899	16 311	16 991	11 989	7 765	5 036	10 232	14 088	9 118	12 178	14 482	15 391
6.2. Teehochland	55 713	6 629	6 369	7 180	4 337	2 160	1 935	3 229	5 251	2 947	3 291	5 867	6 518
7.1. Anuradhapura	65 877	7 911	7 542	7 325	4 859	2 488	2 522	4 703	8 129	3 195	4 608	5 753	6 842
7.2. Polonnaruwa-Sigiriya	130 906	14 645	13 228	15 265	9 874	4 303	3 992	9 251	14 430	7 715	11 118	12 602	14 483
Norden: Jaffna	3 125	184	150	157	166	447	155	326	501	229	160	294	356
Sri Lanka	2 008 581	234 088	221 205	224 449	151 653	97 650	81 946	129 519	184 808	129 135	151 596	182 954	219 578

Quelle: CTB Annual Statistical Report 1980
Anmerkungen:
+ Die CTB-Statistik wurde aus Seite 56 genannten Gründen auf die eigene Gliederung umgestellt.
++ schließt das 300-Betten-Hotel von Hendala ein, nur 11 km nördlich von Colombo, weil in der CTB-Statistik unter „nördlich Colombo" zusammengefaßt.

entsprechenden Rang. Die althistorische Ruinenregion hat, beide Teilbereiche zusammengenommen, so wie sie im Rahmen von Rundreisen auch besucht werden, inzwischen einen Anteil von 9 % erreicht. Die kolonialzeitlich so bedeutsamen Höhenluftkurorte im Tee-Hochland haben ihre Attraktivität im Zuge der Internationalisierung des Tourismus sehr eingebüßt, und die Jaffna-Halbinsel wird nur von wenigen westlichen Individualtouristen besucht (große Entfernung von den Hauptzentren der Insel, mangelndes Naturpotential in den Augen des normalen westlichen Touristen), überwiegend von indischen Geschäftsleuten und Verwandten.
Die in klassifizierten Beherbergungsbetrieben erfaßten i n l ä n d i s c h e n Besucher spielen mit nur 2.9 % (1980, 3.8 % 1979 und noch 4,5 % 1978) aller Besucher keine Rolle. 12.4 % bzw. 18.5 % von ihnen suchen Colombo-Stadt auf, darunter die meisten beruflich bedingt, stellen damit aber sogar nur 1.5 % bzw. 2.5 % aller Besucher. Weitere 9.2 % bzw. 12 % besuchen Anuradhapura, 10 % bzw. 11 % Kandy und 8.9 bzw. 8 % die Ruinenstädte von Polonnaruwa und Sigiriya, das heißt, daß unter die Kategorie des Pilger- und Bildungstourismus allein 28 % (31 %) aller ceylonesischen Besucher fallen. Hier werden die unterschiedlichen Schwerpunkte gegenüber ausländischen Bildungsreisenden (17 %) besonders deutlich; das gilt auch für die Strandregionen, auf die (immerhin!) 44.6 % (37.0 %) aller ceylonesischen Besucher entfallen gegenüber 55.5 % aller Ausländer. Insgesamt also eine bemerkenswerte Verschiebung gegenüber früheren Jahren zugunsten westlicher Erholungsformen. Das dürfte auch auf die statistisch nicht erfaßten unklassifizierten Beherbergungsbetriebe zutreffen, die von einer weit größeren Zahl inländischer Touristen (s. Tab. 11) aufgesucht werden.
Als wichtigstes infrastrukturelles Merkmal sei die *regionale Differenzierung der Zimmerkapazität* klassifizierter Beherbergungsbetriebe und ihre Entwicklung im letzten Jahrzehnt tabellarisch dargestellt und analysiert (Tab. 13 – folgende Seite). Zunächst bestätigen die Zimmerkapazitäten die Rangfolge der Touristikregionen nach Touristenübernachtungen. Colombo-Stadt bzw. Groß-Colombo und die West-, Südwest- und Südküsten weisen heute die höchsten Hoteldichten auf, Ostküste, Hochland und vor allem Jaffna die niedrigsten. 1967 markiert den Beginn der modernen Touristikentwicklung. In diesen vierzehn Jahren hat sich die Beherbergungskapazität, auf Sri Lanka bezogen, mehr als verachtfacht. Die regionale Prozeßanalyse ergibt, daß die Entwicklung der Kapazitäten (= Dichten) an der Südwest- und Südküste (siebzehnfach) und an der Ostküste (sechzehnfach) weitaus am steilsten verlaufen ist, am langsamsten und geringsten wiederum im Teehochland und Jaffna (knapp zweifach). Colombo, Mt. Lavinia und Kandy[27] weisen einen knapp durchschnittlichen Prozeß auf, weil hier immer schon Kapazitäten vorhanden waren. Regional betrachtet haben also die Südwest-, Süd- und Ostküsten den grössten Innovationseffekt. Der Schwerpunkt der Touristenübernachtungen und Beherbergungskapazitäten hat sich im Laufe der letzten anderthalb Jahrzehnte vom Großraum Colombo und den Gebirgsregionen eindeutig an die West-, Südwest- und Südküste

---

[27] Ein Großteil der Kapazitäten der Regionen 6/7 entfallen auf Kandy (in der CTB-Statistik zusammengefaßt – Vgl. S. 56).

Tab. 13: Zimmerkapazität[+] der klassifizierten Beherbergungsbetriebe nach Regionen und Jahren

Touristikregion[++]	1967	1968	1969	1970	1971	1972	1973	1974	1975	1976	1977	1978	1979	1980
1.1. Colombo-Stadt	227	261	309	338	364	410	705	841	1 059	1 310	1 310	1 321	1 332	1 417
1.2. Mount Lavinia	110	110	144	260	443	454	518	629	669	914	956	1 009	1 046	1 118
2. Negombo-Küste														
3. Südwestküste	89	101	118	301	351	384	519	594	790	1 007	1 165	1 402	1 534	1 743
4. Südküste														
5. Ostküste	23	35	35	35	45	55	75	105	230	271	320	345	367	414
6.2. Teehochland	151	152	154	178	210	212	189	215	212	195	195	244	263	259
6.1. Kandy-Bergland	139	216	201	248	306	328	414	456	614	827	848	969	1 000	1 034
7.1. Anuradhapura														
7.2. Polonn.-Sigiriya														
Norden: Jaffna	31	28	28	48	48	48	48	65	58	57	57	57	57	57
Sri Lanka	770	903	989	1 408	1 767	1 891	2 468	2 905	3 632	4 581	4 851	5 347	5 599	6 042

[+] In der CTB-Statistik wird nach Zimmer-, nicht Bettenkapazität gerechnet, das Doppelzimmer als Regel.
[++] Die CTB-Statistik faßt die Touristikregionen leider so zusammen, daß die regionale Differenzierung und Prozeßanalyse erschwert werden.

Quelle: CTB Annual Statistical Report 1979 und 1980

neben Colombo verlagert. Ein Blick auf Abb. 2 und 3 lehrt, daß ehedem wie heute die touristischen Schwerpunkte in der von Natur tropisch üppigen Feuchtzone liegen, d.h., daß sie mit Ausnahme der althistorischen Ruinenregion und der wenigen entwickelten Ostküstenstrände innerhalb eines Viertels der Insel verbreitet sind, wo gleichzeitig die ländliche Bevölkerung am dichtesten siedelt. Die wichtigsten Routen für Rundreisen erfassen diese ganze Feuchtzone mit Abstechern in die trockenere nördliche Mitte der Insel zur Ruinenregion und in den trockenen Südosten (Yala-Wildpark) so, daß dabei binnen einer Woche eine echte Rundreise durch in Natur und Kultur höchst unterschiedliche Räume Sri Lankas entsteht.

Allerdings unterliegen die Kapazitäten, auch für Rundreiseübernachtungen, den saisonalen Bedingungen des Tourismus, wie sie S. 41ff. dargestellt wurden. Ein Hauptaugenmerk der offiziellen Tourismusplanung ist deshalb — mit Erfolg — auf eine bessere und saisonal ausgewogenere *Bettenauslastung* gerichtet (vgl. Tab. 14). In den letzten guten Entwicklungsjahren ist die Auslastungsrate immerhin von 42.8 % (1970) auf 57.8 % (1980) gestiegen. Regional differenziert, schneidet Colombo im Jahresschnitt mit 70.7 % (1980) am besten ab, die Südküste, an der der Prozeß gerade erst begonnen hat, mit 39.7 % und das Hochland mit nur 34.2 % am schlechtesten (Jaffna bleibt touristisch unberücksichtigt). 60 % werden allgemein als ökonomisch vertretbare Mindestrate angesehen, obwohl das niedrige ceylonesische Einkommensniveau die Rentabilitätsgrenze tiefer erscheinen läßt. Die monatliche Auslastung ist in Sri Lanka mit über 60 % am besten in den Wintermonaten November–März (maximal 78.5 % im Februar), am schlechtesten in den Monaten Mai–Juni (36.4 bzw. 33.3 %). Regional differenziert, hat die Westküste Negombo bis Hikkaduwa mit 85 bis fast 100 % in den Monaten Januar/Februar die höchst erreichte Auslastung, sinkt in der Off Season aber bis auf 20.3–32.8 % ab, während die der Landesmetropole etwas ausgewogener erscheint (s.a. Abb. 13).

3.1. DER GROSSRAUM COLOMBO

(dazu Abb. 14 und als Hintergrundinformation Abschnitt „Colombo, Entwicklung einer orientalischen Stadt im Schnittpunkt zwischen Ost und West" in Sievers 1964, 197–209).

Der Großraum Colombo hat unter touristischen Aspekten Funktionen, die durch das sehr verschiedenartige Raumpotential bedingt sind: durch die küstenwärts langgestreckte Landesmetropole und Welthafenstadt einerseits und durch die stadtnahen Küstenvororte bzw. Strände in Verlängerung des Stadtgebietes andererseits. Groß-Colombo zählte 1980 1.26 Mio. Einwohner, davon die Stadt selbst (Municipality) 631 000, im südasiatischen Vergleich eine kleine Metropole.

Abb. 12: Sri Lanka: Jahreszeitliche Verteilung der Touristen ausgewählter Herkunftsländer 1980

Quelle: CTB-Statistik 1980

Abb. 13:

Sri Lanka: Regionale Hotelzimmerauslastung in Relation zur internat. Tour.-Aufenthaltsdauer (Nächte) 1980

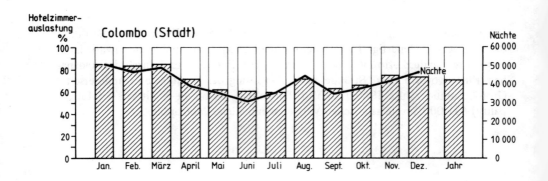

Der Großraum Colombo

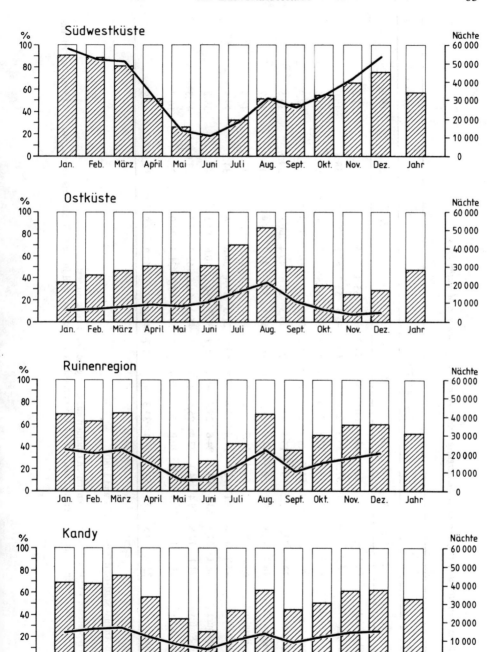

Quelle: CTB-Statistik 1980

Tab. 14: Belegungsraten in klassifizierten Beherbergungsbetrieben nach Regionen und Monaten 1980

Touristikregion[+]	Belegungsraten 1980												z. Vergleich	
	J	F	M	A	M	J	J	A	S	O	N	D	Jahr	1979
1.1. Colombo-Stadt	84.1	83.9	84.7	70.7	61.9	60.5	59.3	71.3	60.2	65.8	74.5	73.0	70.7	71.2
1.2. Mt. Lavinia	82.2	93.9	87.1	57.9	35.8	25.6	29.5	60.3	45.4	53.2	61.8	75.4	58.8	48.0
2. Negombo-Küste[++]	95.3	97.3	92.7	56.9	32.8	26.9	44.1	66.9	55.0	64.4	76.3	82.6	66.3	61.5
3. Südwestküste	90.8	89.2	81.9	51.7	26.2	20.3	32.9	51.6	46.5	54.7	66.2	75.7	57.6	47.9
4. Südküste	73.8	73.8	69.2	38.4	15.5	11.3	15.3	26.9	19.3	26.6	49.4	60.8	39.7	39.5
5. Ostküste	36.2	42.8	46.2	50.6	44.6	51.5	70.0	86.0	50.1	33.6	24.7	28.4	47.3	41.7
6.1. Kandy-Bergland	69.3	68.3	75.8	56.4	36.3	25.2	44.7	61.8	47.7	50.5	62.0	62.8	55.1	48.4
6.2. Teehochland	43.8	48.6	49.1	35.3	17.4	14.8	27.8	43.5	27.0	29.4	50.8	52.6	34.2	29.5
7.1. Anuradhapura	66.1	54.4	63.1	44.3	24.6	29.4	40.1	65.9	30.3	40.1	50.6	57.1	47.3	39.2
7.2. Polonn.-Sigiriya	74.1	72.8	78.4	54.1	23.4	25.5	47.6	75.3	45.2	61.5	69.2	65.2	57.6	45.3
Norden: Jaffna	21.2	17.1	16.9	21.5	20.0	26.4	28.4	37.2	32.6	25.7	31.3	26.0	25.4	16.7
Sri Lanka	77.9	78.5	77.4	55.2	36.4	33.3	43.7	61.7	47.4	53.1	63.3	67.8	57.8	52.8

Quelle: CTB Annual Statistical Report 1979 und 1980
Anmerkungen:
[+] Die CTB-Statistik wurde aus Seite 56 genannten Gründen auf die eigene Gliederung umgestellt
[++] schließt das 300-Betten-Hotel von Hendala ein, nur 11 km nördlich von Colombo, weil in der CTB-Statistik unter „nördlich Colombo" zusammengefaßt

3.1.1. Der Durchgangscharakter der Metropole

Colombo hat als Metropole, als Hafenstadt und durch seine Nähe (35 km) zum internationalen Flughafen touristisch gesehen einen Durchgangscharakter: Handels- und Geschäfts-, politische und diplomatische Funktionen überwiegen, aber als echter touristischer Umschlagsplatz zwischen den Strandregionen nördlich und südlich Colombo und als Ausgangspunkt von mehrtätigen Besichtigungsfahrten (meist Rundreisen) spielt Colombo eine gleichfalls bedeutende Rolle.

Colombo kennt keine geschlossene, vom Tourismus geprägte Touristik- bzw. Hotelzone. Nur eine begrenzte schmale meernahe Zone der Landesmetropole trägt bedingt touristische Züge: sie erstreckt sich über das immer noch kolonialzeitlich geprägte Fortviertel, also vom Hafen südwärts und anschließend in einer äußerst schmalen Zone entlang der zum Süden der Insel weiterführenden Galle Road und ihren Nebenstraßen. Insgesamt zeigt sich eine in Anlehnung an die für Colombos urbane Entwicklung typische Nord-Süderstreckung, nahtlos in das stadtnahe Villenviertel Mt. Lavinia mit seinen Stränden übergehend.

Das *natürliche Potential* Colombos ist von der langgestreckten flachen Lage am Meer mit angenehmer Brise bestimmt und trägt keine nennenswerten landschaftlichen Reize. Das feuchtheiße Klima ist durch Frühjahrs- und Herbstniederschläge gekennzeichnet, mit relativ trocken-heißen Wintermonaten, mit Hauptblütezeit im Februar/März; besonders schön sind die Flamboyant-Baumalleen im Villenviertel Cinnamon Gardens und Umgebung.

Das *soziokulturelle Potential* macht Colombo hingegen besuchenswert. Colombo ist zwar typisch für die kolonialzeitlich entstandenen Städte; allein in Colombo als der Metropole offenbart sich die ethnische Vielfalt des zu 73.3 % singhalesischen Landes, aber auch der Spannungsreichtum durch einen vergleichsweise hohen Anteil von Tamilen (23 % statt 18.8 % im ceylonesischen Durchschnitt), von „Moors" islamisch-arabischer Herkunft (16 % statt 7.1. %) und von „Burghers" christlich-eurasiatischer Herkunft (2.5 % statt 0.3 %).[28] Die Pettah als tamilisch-moorisch geprägtes Basarviertel, die vielen Buddha- und Hindu-Tempel, die Moscheen, die kolonialzeitlichen Baudenkmäler und Viertel aus den portugiesischen, holländischen und britischen Kolonialepochen und nicht zuletzt die antiken Sammlungen im Nationalmuseum vermitteln einen Querschnitt durch die ceylonesische Kulturgeschichte und einen Eindruck von der Entwicklung Colombos zur einzigen Handelsmetropole (Hafenbauten, Lagerhäuser, Handelshäuser). Den im Zeitalter der Seeschiffahrt bedeutenden Verkehrskreuzcharakter hat Colombo an andere südasiatische Metropolen jüngst abtreten müssen. Colombo hat in den zwei letzten Jahrzehnten des Düsenflugverkehrs nicht die sozioökonomische Entwicklung genommen wie etwa Kuala Lumpur, Singapur, Djakarta und indische Metropolen. So ist auch in Colombo der heute in

---

[28] 1978 (für Colombo geschätzt)

Abb. 14: Tourist. Infrastruktur von Colombo

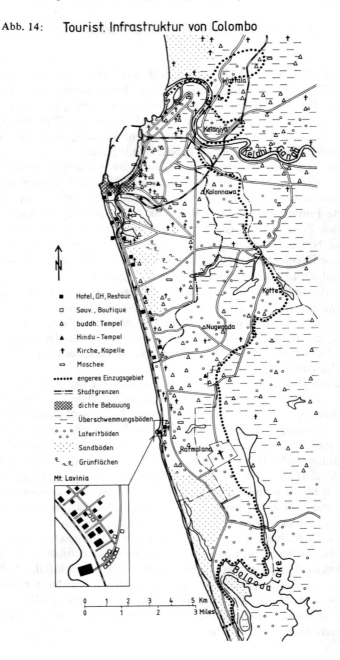

Quelle: Sievers, Ceylon (1964)
u. neue Erhebungen 1978-80

tropischen Entwicklungsländern so stolz forcierte Trend zur Cityhochhaus-Verdichtung nur schwach vertreten. An touristischen Sehenswürdigkeiten ist in Colombo im Vergleich zu etwa Bangkok, Madras, Delhi und vielen anderen indischen Großstädten wenig, was eine so weite Anreise lohnen würde. Deshalb der touristische Durchgangscharakter zu wichtigeren, reizvolleren Urlaubs- und Studienzielen und und der weit überwiegende Geschäftsverkehr.

Von diesen Merkmalen wird die *touristische Infrastruktur* bestimmt. Colombo hat eine lange, tief in die Kolonialzeit zurückreichende Tradition des Geschäftstourismus. Zur Zeit des Schiffsverkehrs war er durch eine vieltägige bis mehrwöchige Dauer gekennzeichnet, mit Kurzerholung in Mt. Lavinia, in Kandy, auf Hochlandplantagen und mit Abstechern zu den Ruinenstätten im Innern. Im Zeitalter des Jets ist eine ein- bis mehrtägige Dauer, zumeist als Zwischenstation zu weiteren Geschäftszielen typisch, häufig auch wie oben skizziert mit Kurzerholung und Mietwagen-Rundfahrten zu Ruinenstätten, Hochland und Strand (Westen, Südwesten) gekoppelt. Während der Thailand-Ferntourismus sich aber im Volumen überwiegend auf Bangkok als bedeutender Handelsmetropole und Luftkreuz Südasiens konzentriert, spielen in Sri Lanka heute die reinen Erholungsgebiete der Insel eine dominierende Rolle. Der Individualreisende übernachtet meist für nur ein bis zwei Tage in Colombo, bevor er eine Rundreise oder einen Strandurlaub antritt. Anders die Masse der Charter- und Gruppentouristen, die vom Flughafen sofort an die Strände gebracht bzw. auf eine Rundreise geschickt werden. Colombo bedeutet für die meisten Touristen also nur eine Zwischenübernachtung oder ein häufig bis zu 60 km entferntes Ausflugsziel (Tagestour) vom West- bzw. Südwestküsten-Urlaubsort aus. Entsprechend sind die CTB-anerkannten Hotels und Gästehäuser hauptsächlich auf Passantenbetrieb eingestellt. Der gesamte Touristen- und Geschäftstouristenverkehr erstreckt sich vom Hafen aus (Fortviertel entlang der Nordsüd-Verkehrsachse Galle Road und wenige Nebenstraßen). Das Fortviertel zeigt eine infrastrukturelle relative Verdichtung, jedoch mit nur drei Hotels westlichen Standards zu rund 700 Betten, mit nur wenigen Restaurants usw., mit einer Fülle bescheidener Geschäfte. Entlang der Galle Road befindet sich zunächst wieder noch eine relative Dichte an großen Hotels (vier zu rund 1 400 Betten), weiter südwärts sehr locker gestreut und in großen Abständen eine gewisse relative Verdichtung von Hotels und Gästehäusern im Geschäfts- und Fabrikviertel Wellawatte mit zusätzlich bescheidenen orientalischen Hotels, und in den früheren Europäervierteln, Villen-Bungalowvierteln, Zimmervermietung und Gästehäuser. Die Entwicklung auf dem Beherbergungssektor ist durch eine Stagnation der drei wenigen traditionsreichen, aber veralteten kolonialzeitlichen Hotels bis zum Beginn der siebziger Jahre gekennzeichnet, danach durch einen kurzfristigen Boom bis 1976, für den die Non-Alignment-Konferenz den entscheidenden Anstoß gab:

(Vorbemerkung: ausgewählte Jahre)
1968   261 Gästezimmer (ca. 550 Betten)
1971   364

1974 841
1977 1310
1980 1417 (ca. 3500 Betten)
(zum Vergleich: Bangkok mit 1980 rund 23 000 Betten).

Das Angebot an Busausflügen ist noch unbefriedigend entwickelt: täglich eine Stadtrundfahrt, Fahrten nach Kandy bei Bedarf, Nahziele wie Negombo oder Kalutara fehlen (jeweils 30–40 km entfernt).
Der Durchgangscharakter Colombos bringt eine international „buntere" *Zusammensetzung der Touristen*, darunter in großem Umfange Geschäftsreisende mit sich (zuverlässige Zahlen fehlen). Die für alle Touristikregionen charakteristische Palette westeuropäischer Urlauber tritt dahinter nur wenig zurück, anders also als etwa in Bangkok und den indischen Zentralen. So spielt in Colombo z.B. der intraregionale = asiatische (Geschäfts-) Markt, vor allem Inder (familiäre und historische Bindungen) und Malaysier (familiäre Bindungen) und – neben den Europäern und Nordamerikanern – zunehmend die Japaner eine im Vergleich zu den Erholungsgebieten Sri Lankas wichtige Rolle. Die Südasiaten, aber auch viele Japaner bevorzugen überwiegend die orientalischen und die preiswerteren westlichen Hotelgattungen, wenn sie als Geschäftsleute kommen. Die oben genannten vielen Verwandtenbesucher sind keine Touristen im ökonomischen Sinne.
Herkunft, Motivation und Aufenthaltsdauer der internationalen Touristen Colombos lassen erwarten, daß die sozialen *Kontakte zur Stadtbevölkerung* gering bzw. oberflächlich sind, daß die Anonymität der Großhotels dies verstärkt, daß aber die kleineren Gästehäuser Colombos (Bungalows), von vielen Individualreisenden frequentiert, solche Kontaktmöglichkeiten angesichts der großen Aufgeschlossenheit und besseren sprachlichen Verständigungsmöglichkeit bei gebildeten Colombobewohnern („Intelligentsia") schaffen.
Colombo zeigt aus den oben geschilderten Motivationsgründen nicht jene *Saisongebundenheit* wie die reinen Urlaubsregionen. Die Hotelzimmerauslastung ist relativ ausgewogen, wenn sie auch durch eine durchgehende saisonale Spitze von November bis März und im August (Kandy – Perahera, Sommerferienzeit in den touristisch wichtigen Industrieländern) gekennzeichnet wird; aber selbst von Mai bis Juli beträgt die Belegung noch um 60 %. In keiner anderen Region wird mit 70.7 % (1980) eine so hohe durchschnittliche jährliche Belegungsrate erreicht. Die hohe Belegungsrate in den Wintermonaten ist vor allem auf den westeuropäischen Urlaubstourismus zurückzuführen. Alle einwöchigen und kürzeren Busrundreisen beginnen und enden hier und sind mit wenigstens einer Übernachtung (Tourbeginn) verbunden. Bei den zahlreichen regionalen Kombinationsmöglichkeiten, die die Reiseveranstalter anbieten, wird Colombo oder als Alternative einer der stadtnahen Strände gern für einen mehrtägigen Aufenthalt gewählt.
Zukunftsperspektiven: Die starke Entwicklung des Tourismus in Colombo im Laufe der siebziger Jahre, die durch den Bau mehrerer Großhotels und durch die Zunahme von Gästezimmern in kleineren Gästehäusern, zum Teil vom kolonialen Bungalowtyp etwa im einst vornehmen Villenviertel Cinnamon Gardens, erst ermöglicht

wurde, und die in den allerletzten Jahren verbesserte Hotelzimmerauslastung werden, eine anhaltend gute Welttouristiklage vorausgesetzt, zu einer gewissen Konsolidierung der Colombotouristik führen. Sie bedarf aber noch gezielter infrastruktureller Massnahmen: im Straßenverkehr, in der Pflege und dem Ausbau von Grünanlagen mit Promenadenwegen, was auch gerade der Stadtbevölkerung zugute käme (z. B. Galle Face Green), in ansprechenden Restaurants, Tea Rooms (!) etc. im touristisch am meisten besuchten Einkaufsviertel Fort, in besserer Informationstätigkeit und in der leichteren Erschließung des Nationalmuseums (mit Führung durch die Kunstschätze), des Zoos und Strandes (Mt. Lavinia) durch entsprechende Touristenbusangebote und Werbung.

3.1.2. Die stadtnahen Strände

Was Colombo an Küstenreiz fehlt, bietet der kolonialzeitliche Villenvorort *Mt. Lavinia* dank der Zweiteilung seiner Strände durch den Felssporn Galkissa, auf dem 1826 in luftiger und aussichtsreicher Meereslage der Landsitz des britischen Gouverneurs Barnes erbaut wurde, später umgewandelt in das traditionsreiche Grand Hotel, dann umbenannt im Mt. Lavinia Hotel und vergrößert. Mit dem Abzug der Briten litt es zunächst unter Vernachlässigung, blieb aber ein beliebtes Wochenendziel für die Oberschicht von Colombo und seine ausländischen Bewohner, die dort gern auf der Terrasse hoch über dem Meer saßen, von Umkleidekabinen aus am Strand badeten und das Hotelrestaurant besuchten. 1976 wurde es unter Belassung einiger kolonialhistorisch erinnerungswürdiger Räume modernisiert und durch Neubauflügel den heutigen internationalen Ansprüchen gerecht. Daß durch die totale und hohe Überbauung des Felsbuckels die malerische Kokospalmenkulisse und damit viel Charme verlorenging, ist eine sehr bedauerte Folge des um sich greifenden Tourismus, wie sie in Sri Lanka nicht häufig ist. Aus rund 100 Gästezimmern in den sechziger Jahren sind in Mt. Lavinia 1980 481 (klassifizierte) Zimmer = rund 1000 Betten geworden, deren Auslastung in den Wintermonaten fast 100 % beträgt, wozu den Erholungsreisenden, denen in Nähe zu Colombo (11 km) und zu Tourenmöglichkeiten hier dennoch eine zentrale Lage abseits vom großstädtischen Lärm geboten wird, aus gleichen Gründen viele Berufsreisende hinzukommen, die geschäftliche Interessen mit erholsamem Strandleben verbinden. Die traditionelle Beliebtheit von Mt. Lavinia, nämlich die landschaftlich schöne Küste und die verkehrsgünstige Lage hat dazu geführt, daß ein guter Teil der Villen sich solchen Touristen öffnet, die Kontakte suchen und dort preiswert Frühstück oder auch Halbpension nach einheimischer, sowie weithin britischer Art erhalten. Gleichzeitig sind in den letzten Jahren eine Reihe weiterer kleinerer Hotels und Gästehäuser entstanden, so daß in Mt. Lavinia heute alle gewünschten Preislagen, wenn auch wieder dem westlichen Einkommensniveau angepaßt, vorhanden sind. Die Entwicklung ist in vollem Fluß, Verbesserungen und Erweiterungen können beobachtet werden. In Abb. 14 hebt sich deutlich die Touristenzone von Mt. Lavinia heraus. Die infrastrukturelle Dichte ist hier angesichts der längst vorhandenen Villenbasis und Verkehrsgunst so groß wie nirgends sonst in Sri Lanka, allerdings nicht von der erwarteten Angebotsvielfalt (Restaurants, Einkaufsmöglichkeiten, Tea Rooms, Banken etc.), wie dies in Teilen Südostasiens der Fall ist, wo Chinesen ihre Geschäftstüchtigkeit unter Beweis stellen. Die ceylonesischen Moors stehen darin weit zurück.

Unter den ausländischen Touristen führen die Deutschen mit rund 80–90 %, je nach Beherbergungsbetrieb, gefolgt von Schweizern und Nordeuropäern. Die bisher drei größten Hotels (zu 180, 50 Zimmern) sind überwiegend vom Chartertourismus abhängig, die kleinen Häuser von Individualreisenden: ein für ganz Sri Lanka sehr typisches Bild. Bei den Chartertouristen ist ein Aufenthalt von ein bis zwei Wochen die Norm und das bedeutet Bade- bzw. Erholungstourismus. Bei den vielen kleinen Häusern schwankt die Länge zwischen nur wenigen Tagen und vielen Wochen (Stammgäste).

11 km nördlich vom Stadtzentrum Fort liegt, von der großen Nordstraße zum Flughafen an der Westküste entlang durch eine Stichstraße an die niederungsreiche Küste erreichbar, die Fischersiedlung *Hendala*. Jenseits des aus holländischer Zeit stammenden Kanals liegt isoliert für sich als Einzelghetto in einer ehemaligen Kokosplantage hinter dem Strand ein 1971 erbautes Hotel der Ceylon Hotels Corporation (300 Betten), breit gelagert um einen Swimmingpool, zweistöckig, wie auf Seite 34 als für Sri Lanka typische Hotelanlage beschrieben. Hier hat der touristische Erschließungsprozeß zwar schon 1971 begonnen, er stagniert seitdem aber. Im Vergleich zu Mt. Lavinia fehlt die Villenbasis zur Entwicklung, und das Naturpotential ist nicht sonderlich attraktiv (negative Auswirkungen der Hafennähe). Die Anlage ist als Alternative zu Mt. Lavinia zu verstehen: Badetourismus in enger Verbindung mit Sightseeing-Touren nach Colombo für Erholungsreisende, die dieser Strandlage zwischen Flughafen (nur 30 km entfernt) und Colombo vor den entfernteren Strandregionen an der Südwestküste den Vorzug geben und Besucher, die die Kombination von Colombo-Geschäft und Stranderholung in wenig berührter Natur schätzen. Die nationale Zusammensetzung ist im Vergleich zu Mt. Lavinia gemischt. Die Deutschen stehen mit nur rund 20 % hinter den Briten mit 25 %, die Franzosen folgen mit rund 15 % und die Schweizer mit 10 % (1980). Die der Stadt Colombo angenäherte Belegungsrate von 69 % im Jahresdurchschnitt 1980 weist auf die Bedeutung des Geschäftstourismus hin, auch auf Hendalas Entlastungsfunktion für Colombo.

Diese Entlastungsfunktion beider Strände im Norden und im Süden von Colombo gibt ihnen günstige *Zukunftsperspektiven*. Der touristische Entwicklungsprozeß ist im Süden für ceylonesische Verhältnisse schon recht weit fortgeschritten, wenngleich die Angebotspalette an touristischen Einrichtungen (Taxi, Mietwagen, Touristengeschäfte, Post, Banken) wegen der Nähe zu Colombo sich noch nicht verselbständigt hat. Der Norden erscheint touristisch deshalb entwicklungsfähig – auch im Sinne der Naherholung –, weil zwischen Colombo und Negombo seit kurzem eine „freie Industriezone" im Aufbau begriffen ist, die eine kräftige Belebung des Geschäftstourismus zur Folge hat, und für die Unterkünfte für nationale und internationale Fachkräfte und ihre Familien gebraucht werden.

3.2. DIE STRANDREGION AN DER WESTKÜSTE UM NEGOMBO

(dazu Abb. 15 und den Abschnitt über die „christliche Fischerküste" bei Sievers 1964, 222 ff.)

Die *beiden wichtigsten Ferienzentren* Sri Lankas, was räumliche Dimension und Touristenzahlen betrifft, liegen an der Westküste im Bereich der klimatischen „Feuchtzone" und höchsten Bevölkerungsdichte: 35 km nördlich Colombo die Touristikregion von *Negombo* und ca. 60 km südlich Colombo die von *Beruwala-Bentota*. Im Negombo-Raum stehen rund 1300, im Raum Beruwala-Bentota rund 1700 Gästebetten bereit, die größten touristischen Konzentrationen nach Groß-Colombo mit rund 3600 (1980). Damit enden aber auch die touristischen Gemeinsamkeiten an der Westküste. Die regionalen Touristikstrukturen zeigen manche Unterschiede auf der Angebotsseite, die dem erfahrenen Landeskenner vorbehalten bleiben. Selbst die Strände und das Baden sind nicht austauschbar.

Negombo hat schon in der Kolonialzeit interessierte Colombobewohner angezogen, vor allem dort lebende Ausländer. Ihr Ziel war der Strand, wo auch heute noch in der alten Auktionshalle der Fischfang gehandelt wird. In nächster Nähe steht das Regierungsrasthaus, das für seine Fischmahlzeiten, vor allem Schalentiere wie Hummer, Langusten bekannt war. Der Touristenboom hat sie rar gemacht. Negombo ist der wirtschaftliche Mittelpunkt der „christlichen Fischerküste" innerhalb der Kokospalmenküste des Westens, die einzige Fischerstadt Sri Lankas (1978: 64 000 Einwohner). Sie hat sich aus einer Fischersiedlung an der Öffnung einer großen Lagune im Meer entwickelt, an der inzwischen ein technisch immer noch recht bescheidener, aber äußerst lebhafter Hafenbetrieb entstanden ist. Eine der wichtigsten *touristischen Attraktionen* bietet sich, wenn die vielen kleinen Kutter ihre Tiefseefische landen, während die Strandanlandungen von den traditionellen Ausliegerbooten (Oru) aus wie ehedem einen weiteren Anziehungspunkt bilden.

Die Fischerchristen und alle die, deren Vorfahren einmal dem Fischerberuf nachgingen und inzwischen dank dem breiten christlichen Bildungsangebot auf der sozialen Leiter in kaufmännische und akademische Berufe aufgestiegen sind, gehören der Fischerkaste an (Karava). Anders als im überwiegend buddhistischen Land wundert sich der Tourist über die Fülle katholischer Kultbauten westlicher Prägung, wie er sie in dieser Dichte kaum im christlichen Europa wiederfindet: Kirchen und Kapellen dichtgedrängt, Schulen, Wegkreuze, Marien- und Heiligenstatuen, am Strand überall der hl. Antonius als Patron der Fischer. Die Christianisierung geht hier auf portugiesische Missionare zurück wie an der indischen Westküste. Die holländischen Kolonialherren hinterließen in Negombo eine kleine reformierte Kirche in der Nähe ihres Forts und der Mündung des holländischen Küstenkanals, gleichfalls heute eine historische wie wirtschaftliche Sehenswürdigkeit. So gibt es in und um Negombo und die große Negombo-Lagune ein interessantes *Potential* an sehr spezifischen Sehenswürdigkeiten aus einem der wichtigsten Wirtschaftszweige an der ceylonesischen Küste, der weithin noch altertümlichen Fischereiwirtschaft, neben solchen Naturschönheiten wie etwa dem kokospalmenumsäumten Lagunenbereich südlich Negombo, wo 6 km entfernt 1968 das erste moderne Hotel Sri Lankas zunächst

Abb. 15: **Tourist. Infrastruktur von Negombo (Westküste)**

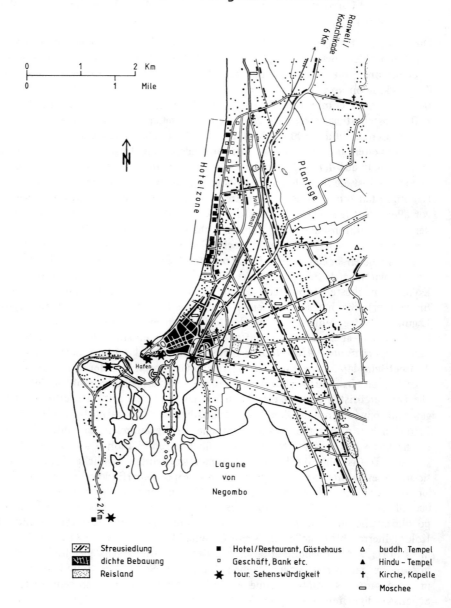

klein, inzwischen als weitläufige Bungalowanlage auf einer Nehrung zwischen Meer und Lagune mit rund 120 Betten (1980) in privater ceylonesischer Initiative entstanden ist (Abb. 15). Die Negomboküste bietet außerhalb der Monsunregenzeit (gefährliche Brandungswellen) gute Bade- und sogar Schwimmöglichkeiten dank strandnahen Sandbänken. Die Küste selbst bietet keine Abwechslung, aber binnenwärts bieten sich mannigfache wechselnde Landschafts- und Siedlungsbilder dem an, der nicht nur auf Strand- und Badeerholung aus ist: Fluß- und Reisniederungen, gut geführte Kokosplantagen und Kokos „gärten" an der Küste, außerdem die vielen Palmstrohhütten (Cadjan) ohne Landbesitz zwischen schlichten Bungalows ebendort.

Die *Touristikzone* Negombos im engeren Sinne stellt sich als geschlossene, wenn auch locker bebaute Hotelzone auf den Dünensanden unmittelbar nördlich an die Fischerstadt bzw. ihr mittelständisches Bungalowviertel angrenzend dar, deshalb von jenem sozialräumlichen Ghettocharakter, der auf Seite 32 beschrieben wurde. Der alte Ort Negombo liegt um die Hafenlagune und lockert sich nordwärts unter Kokospalmen auf. Bungalows liegen in Palmengärten, in mehr oder weniger dichter Streulage drängen sich Fischerhütten. Auf den in Richtung Norden lockerer bebauten Sanden ist seit 1968 die erste Hotelzone Sri Lankas entstanden. Die Hotels sind strandwärts ausgerichtet, während die Palmgärtner, Andenkenbungalows und -buden (Boutiques) überwiegend gegenüber auf der Landseite liegen. Sichtbar weiß und geschlossen erscheint die Hotelzone vom Hafen aus. Mit ihren zwei- bis fünfstöckigen Bauten zu je 100–200 Betten, einschließlich einiger kleiner Gästehäuser vom Familienbungalowtyp, wies sie 1980 rund 1300 Betten auf. Die eigentliche H o - t e l zone ist auf dem Areal einer nicht mehr ertragreichen Kokosplantage entstanden und hat sich im Laufe der siebziger Jahre mit immer neuen Hotelbauten der mittleren Kategorie und Gästehäusern dazwischen im Anschluß an das einzige grössere Hotel (1970 erbaut, 200 Betten) nordwärts ausgedehnt. Die Souvenirgeschäfte zwischen den Hotelanlagen sind im Vergleich zu anderen Touristikregionen bereits zu größtenteils soliden, ansprechenden Steinbauten vom Bungalowtyp entwickelt worden, in denen ein anspruchsvolleres Angebot (ceylonesischer Juwelen vor allem) ausgestellt werden kann. Wie stark der Ghettocharakter der Hotelzone ist, beweist auch das Fehlen jeglicher nennenswerter spezifisch touristischer Einrichtungen im innerstädtischen Bereich. Weit nördlich der Hotelzone, 13 km von Negombo entfernt und noch jenseits des benachbarten Ortes Kochchikade, aber doch noch an die Touristikregion Negombos durch Ausflugsprogramme angebunden und im touristischen Volumen mitgezählt, liegt eine der wenigen Feriendorfanlagen Sri Lankas, Ranweli. Wiederum innerhalb einer Kokosplantage in einsamer Strandlage von Waikkal zwischen einem amphibischen urwüchsigen Hinterland und dem Meer ist hier mit 170 Betten in kleinen „Cabanas" und mit Restaurants, Freizeitangeboten (z.B. Booten, Swimmingpool u.a.), aber bis auf Souvenirboutiquen keinen dorfähnlichen Einkaufsmöglichkeiten eine luftige tropengerechte Anlage in privater Initiative (Colombo-Außenhandelsfirma) geschaffen worden, freilich wieder eine Enklave im dicht besiedelten Küstenraum.

Das Signal, das Negombo mit seinen Ferienhotels und preiswerten Gästehäusern als erster Ort im Anschluß an die Aufstellung des Ceylon Tourism Plan von 1967 gab, ist neben seinem touristischen Potential auf die unmittelbare Nachbarschaft zum internationalen Flughafen zurückzuführen. Weitere günstige Lagebedingungen sind die relative Nähe zu Colombo und an der Hauptzugangsroute nach Anuradhapura (Ruinenregion). So ist die touristische Infrastruktur insgesamt – Hotels, weitere touristische Einrichtungen, Verkehrsnetz – im Raum Negombo vergleichsweise gut entwickelt.

Die nationale Zusammensetzung der *Touristen* zeigt ein deutliches Vorherrschen der deutschsprachigen Mitteleuropäer bis zu 90 % in den Hotels, aber auch Schweden. Die Hotels schließen zumeist mit großen ausländischen Reiseveranstaltern Kontrakte, während die kleineren und preiswerteren Gästehäuser je nachdem, ob sie Kontrakte abschließen können, eine bunt zusammengewürfelte Gästeschar haben, überwiegend Individualreisende mit kurzer Aufenthaltsdauer als „Stopover" zwischen Flughafen und Inselrundreise. Es waren auch diese lagebedingten Gründe, die in Negombo aus Familienbungalows solche Gästehäuser als erste Beherbergungsbetriebe 1968 entstehen ließen.

Zu *sozialen Kontakten* zwischen ausländischen Gästen und einheimischer Bevölkerung kommt es bei mehrwöchigen Aufenthalten mehr oder weniger oberflächlich aufgrund der Gettosituation. Die Oberschicht kommt nur zu Wochenendmahlzeiten in die Hotels und an den Strand. Die arme Fischer- und Palmgärtnerbevölkerung um die dichtbewohnte Umgebung der Hotelzone wird durch Zäune von den Hotelstränden und -grundstücken aus Gründen möglicher Aufdringlichkeit (Bettelei, Diebstahl) offiziell abgewehrt. Aber erste Bemühungen um Verständnis und damit bessere Kontakte, auch vor allem sprachlicher Verständigung werden sicher nicht zufällig gerade im christlichen Negombo sichtbar. Katholische Priester führen interessierte Glieder ihrer Gemeinden in Ausspracheabenden in den sozioökonomischen Hintergrund der Touristen, ihre westlichen Kulturtraditionen, Urlaubsgewohnheiten usw. ein, erste Versuche, die landesweit noch fehlen.

Da es sich bei der Negombo-Region bisher um ein ausgesprochenes Feriengebiet handelt, spielt die *Saisonalität* des Touristikgewerbes eine wichtige Rolle. Die Belegungsrate in den anerkannten Beherbergungsbetrieben des Negombo-Raumes liegt im Jahresschnitt bei 66.3 % (1980)[29] und damit noch entschieden besser als an der Südwestküste (57.6 %), was auf die besondere Verkehrslagegunst zurückzuführen ist (Tab. 14). Der jahreszeitliche Verlauf zeigt aber sehr markante Unterschiede. Eine Vollbelegung durch die überwiegend mitteleuropäischen Wintergäste in der Hochsaison zwischen November und März (über 80 %), während der Spitzenmonate Januar und Februar sogar über 90 % steht eine Nebensaison während der Südwestmonsunmonate Mai bis Juli (um 30 %) gegenüber; auch diese niedrige Belegungsrate ist aus gleichen lagebedingten Gründen noch weit besser als an der Südwestküste (auf 20,3 % im Juni absinkend). Trotzdem: Negombo bekommt sozioökonomisch

---

[29] In der CTB-Statistik gehört zur „North of Colombo"-Region auch das 300-Betten-Hotel bei Hendala (Belegungsrate 69 %), so daß für Negombo die Rate um 64 % liegen dürfte.

die saisonalen Schwankungen nicht zuletzt bei den in der Touristik primär und sekundär Beschäftigten zu spüren. Dem langjährigen Kenner fällt auf, daß ein nicht unbeträchtlicher Teil der Bevölkerung an den direkten und indirekten Verdienstmöglichkeiten teilhat und sich als erstes ein besseres Haus baut, z.B. einen Steinbau anstelle der Hütte.

Die touristischen *Zukunftsaussichten* werden für Negombo neben den Stränden wegen seiner schon früher zugkräftigen fischereiwirtschaftlichen Attraktionen und wegen seiner Lagegunst noch verstärkt werden durch die im Entstehen begriffene Free Trade Zone zwischen Colombo und Negombo. Mit einer Umweltgefährdung der Region ist nicht zu rechnen. Aber die touristische Entwicklung kann von den zu erwartenden infrastrukturellen Verbesserungen, die mit dem industriellen Erschließungsprozeß des Raumes notwendig verbunden sind, profitieren (z.B. Straßennetz) und das Freizeitverhalten der partizipierenden Bevölkerung in Gestalt von bisher weder vorhandenen noch geplanten Naherholungseinrichtungen beeinflussen. Der Zustrom von ausländischen Experten mit Familien und Geschäftsreisenden nach Negombo als Alternative und Entlastung zu Colombo wird auf der Basis der schon vorhandenen touristischen Einrichtungen ihrer Weiterentwicklung neue Impulse geben können.

3.3. DIE STRANDREGIONEN AN DER SÜDWESTKÜSTE

(dazu Abb. 16 und 17 und den Abschnitt über die Fischer- und Kokosgartenküste südlich Colombo bei Sievers 1964, 229ff.)

Unter den quantitativ und qualitativ bedeutendsten Ferienzonen Sri Lankas, der Negombo-Region, den Colombo-Stränden und der Südwestküsten-Region zwischen Colombo und Galle gebührt letzterer der erste Rang. Ihr Erschließungsprozeß zeigt, abgesehen vom kleinen kolonialtouristischen Ansatzpunkt Hikkaduwa, eine beeindruckende Entwicklung aus dem Nichts.

Maßgebend für den Erfolg infrastruktureller Anstrengungen ist in erster Linie das vielfältige insonderheit natürliche *Potential*. So dicht der ländliche Raum mit seinen vielen großen und kleinen Küstenstädten wie Kalutara und Dörfern bzw. Streusiedlungen mit jüngeren Verdichtungskernen wie Beruwala, Alut gama und Bentota auch besiedelt ist[12], die Küste ist mit Buchten, kleinen Felsspornen, Inseln, mit Lagunen und Nehrungen, mit breiten amphibischen Flußmündungen und Reisniederungen abwechslungsreich gegliedert. Korallenriffe und Inseln schützen manche Strände vor starker Brandung. Zudem erhält die Südwestküste höhere Niederschläge als nördlich Colombo[30] dank ihrer Lage zur Monsunwindrichtung und den nahen Gebirgsflanken (Abb. 11), kennt keine Trockenperiode und zeigt infolgedessen ein überaus üppiges ganzjähriges Pflanzenkleid, das zum natürlichen Reiz der kokospalmengesäumten Küstenlandschaft sehr beiträgt. Sie ist schon von frühen Reisenden

---

[30] Nordwärts abnehmend: Galle 2513, Colombo 2395 und Negombo 1961 mm Jahresniederschlag (nach Domrös 1976, 87, Beobachtungsperiode 1931–60).

als ein von Natur reiches „Paradies" gepriesen worden. Sie ist jedoch nur ein schmaler Küstensaum. Was diesen Südwesten auch unter touristischem Aspekt so abwechslungsreich erscheinen läßt, ist das Hinterland, Reisniederungen und kleinstbäuerliche Siedlungen in Fruchthainen, häufig auch Zimtpflanzungen, für die Sri Lanka früher berühmt war, ähnlich dem Hinterland von Negombo. Östlich schließt das von Kautschukanpflanzungen (meist Plantagen) geprägte Hügelland an (Kalutara, Sabaragamuwa). Entsprechend differenziert ist die sozioökonomische Struktur. An der Küste Fischerbevölkerung, zum großen Teil katholische Christen (Karava-Kaste), und in den alten Handelsstützpunkten Moors, wie in Beruwala, dem ältesten auf ceylonesischem Boden (wahrscheinlich aus dem 13. Jahrhundert) und Galle. Sie sind vor allem Händler, aber auch Fischer geworden. Im Hinterland ringt das singhalesische Reisbauerntum um jeden Quadratmeter Boden. Buddhistische Tempelstätten vorwiegend im Hinterland, christliche Kirchen und Schulen an der Küste, wenn auch nicht so dicht gedrängt wie im Raum Negombo, Moscheen, die den relativen Reichtum der muslimischen Moors verraten, prägen den Raum auf der kulturellen Ebene. Der aufmerksame Beobachter der Szene verfolgt täglich am Strand die traditionelle Oru-Fischerei, und an der Küstenstraße nach Galle, wie sich alles um die Kokosprodukte dreht: um das Wässern, Faserspinnen, Kochen, um Matten, Besen, Seile, Schalen, „Cadjan"-Palmwedel und nicht zuletzt um das volkstümliche Toddy-Palmsaft-Zapfen. Die vielen zweirädrigen Zebukarren mit der Toddy-Tonne obenauf auf ihrem Weg zur Arrakbrennerei gehört genauso zur Küstenstraße wie die vielen primitiven Korallenkalkbrennereien im Bereich der Korallenriffküste. Das Bild der Südwestküste ist ebenso engräumig wie bunt: Grundlage für eine breitgefächerte touristische Angebotspalette, die bis zu Tourenmöglichkeiten nach Galle mit seinen heute noch physiognomisch deutlichen Kulturschichten (holländische und britische Bauten und Viertel, Missionsviertel, moorisches Händlerviertel, alte und neue Hafenviertel) und nach Ratnapura reichen (Querschnitt Küstenniederung — Kautschukhügelland, traditionelle Edelsteinwäscherei und -schleiferei). Diese Südwestküste zwischen Kalutara und Galle veranschaulicht am besten den Innovationscharakter des modernen Tourismus in Sri Lanka. Was sich im Negombo-Raum als eine relativ geschlossene Hotelzone präsentiert, vom Hafen aus als weiße Horizontlinie deutlich wahrnehmbar, erstreckt sich hier, wenn auch sehr aufgelockert und zumeist im Grün der üppigen Palmen- und Pandanus-Vegetation versteckt, über 10 km von Beruwala im Norden bis Bentota im Süden und in zwei weiteren touristischen Stützpunkten in Richtung Galle: eine erst 1981 in privater Initiative begonnene Anlage in Ahungalla, die noch wachsen dürfte, 10 km südlich Bentota, und das seit der Kolonialzeit bekannte Hikkaduwa, das lange stagnierte, bis es in den Sog der modernen ceylonesischen Touristikentwicklung geriet.
Die Prozeßanalyse geht von folgendem Volumen aus (im Dreijahresrhythmus, s. auch Tab. 13):

1968 gab es 101 Gästezimmer (= rd. 200 Betten)[+]
1971   351
1974   594
1977   1165
1980   1743   (= rd. 3500 Betten)
[+] in klassifizierten Beherbergungsbetrieben

(nach dem CTB Annual Statistical Report 1979 und 1980, wobei seit 1977 die an der Südküste östlich Galle neuen Touristikbetriebe abgezogen werden müssen, die die amtliche Statistik nicht aussondert)

Zu Beginn der staatlichen Touristikförderung (1967) stand die Südwestküste in der regionalen Rangfolge noch weit unten (Tab. 13). Seit 1976 folgt sie mit rund 3 500 Betten an zweiter Stelle nach der Landesmetropole (Tab. 12). Im einzelnen sieht der Verlauf des Erschließungsprozesses folgendermaßen aus.

Hikkaduwa, 95 km südlich Colombo und nur 20 km nördlich Galle reicht touristisch schon in die späte Kolonialzeit zurück (vgl. im folgenden Abb. 17 und Sievers 1982b). Seit Beginn dieses Jahrhunderts stand hier bereits ein Regierungsrasthaus gehobenen Standards an einer besonders schönen Stelle der Südwestküste, an einer durch Korallenfelsen mti Korallengärten geschützten Bucht, die deshalb immer schon das Ziel von Touristen war, nämlich von in Ceylon ansässigen Kolonialbriten. Nachteilig ist ein nur schmaler Sandstrand. Die touristische Weiterentwicklung nach der Unabhängigkeit brachte zunächst eine Vergrößerung jenes Rasthauses auf 48 Betten, als es 1966, also zu Beginn der ceylonesischen Touristikplanung, in private Hände überwechselte und als das erste ceylonesische „Tourist Holiday Resort Hotel" bezeichnet wurde. 1971, angeregt durch die 35 km nördlich innovierte Planung eines National Holiday Resort in Bentota, wechselte das Hotel erneut den Besitzer: eine Teeplantagenfirma, charakteristisch für die ceylonesische Touristikinitiative. Durch einen modernen Anbau, zweistöckig wie bisher, wurde die typisch kolonialzeitliche behaglich-behäbige Anlage auf die doppelte Kapazität gebracht. Zur gleichen Zeit, also mit der boomartigen Touristikentwicklung, begann sich die Strandseite zwischen dem alten Fischerdorf Hikkaduwa und dem früheren Rasthaus binnen zehn Jahren mit weiteren Hotelanlagen aufzufüllen und zwar so dicht nebeneinander, wie es an den anderen ceylonesischen Stränden unbekannt ist. Sie sind, wie in den übrigen Touristikregionen, von mittlerer Größe, zweistöckig, so daß inzwischen (1981) rund 500 Hotelbetten zur Verfügung stehen. Diese Entwicklung ist noch nicht abgeschlossen.

Der zweite, jüngere touristische Doppelstandort an der Südwestküste ist das beste Innovationsbeispiel Sri Lankas: die zwischen dem alten *Beruwala* und *Bentota* gelegene Strandhotelzone, die im Laufe der siebziger Jahre, locker gestreut, zusammengewachsen ist (Abb. 16). Mit rund 1 700 Betten (1980) und einem weiteren Anwachsen auf rund 2 100 Betten (1983) vor allem durch das dann betriebsfertige Feriendorf der Robinsongruppe vom Cabana-Typ auf der Bentota-Nehrung zwischen lagunenartiger Bentota-Flußmündung und dem Meer, steht dieser Standort im Volumen an der Spitze unter den Stränden, auch hinsichtlich der Übernachtungszahl.

Abb. 16:

Tourist. Infrastruktur von Beruwala – Bentota (Südwestküste)

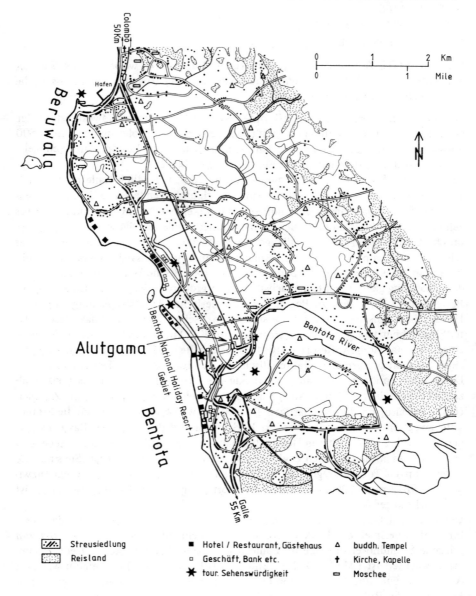

Abb. 17: **Tourist. Infrastruktur von Hikkaduwa**

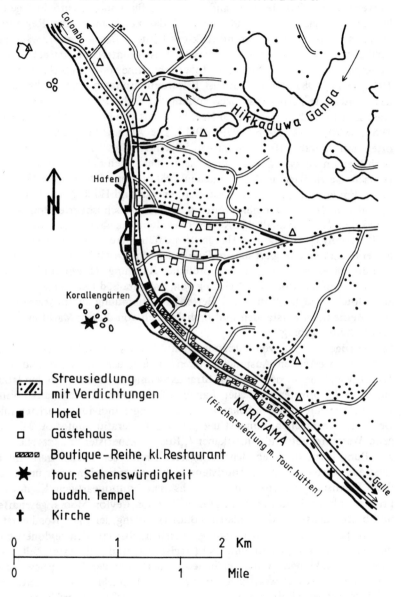

Die Initiative zu dieser eindrucksvollen Entwicklung ging am 19.12.1969 von der offiziellen Gründung des „nationalen Ferienzentrums" Bentota aus, d.h. von der Zurverfügungstellung jenes Strandabschnittes für Touristikeinrichtungen, wo in Anlehnung an das alte holländische Fort das kolonialbritische Regierungsrasthaus stand, auf dem heutigen Grundstück des Bentota Beach Hotels, während das Dorf sich über das angrenzende amphibische Küstenhinterland erstreckte. Von der Planungsphase zur Realisierung, d.h. Inbetriebnahme von Hotels (Phasen: 1970, 1974, 1976, 1977, 1981 ff.) mit zumeist Erweiterungsphasen ging der bereits bei Hikkaduwa erwähnte Diffusionsprozeß entlang der Südwestküste aus, und zwar zur gleichen Zeit in nächster nördlicher Nachbarschaft von Moragala bis Beruwala (Phasen: 1969, 1970, 1974, 1976, 1979, 1980). Die Anfangskapazität war in allen Standorten mit je rund 10–30 Zimmern zögernd – bescheiden. Charakteristisch sind auch hier ein bis zwei Erweiterungsphasen, bei reinen Familienbetrieben auch mehr, je nach Gewinnlage und steuerlichen Präferenzen. Der jüngste Diffusionsprozeß ist 16 km entfernt zwischen Beruwala-Bentota und Hikkaduwa zu beobachten, am Strand von *Ahungalla*, einem weiteren, vorläufig noch isolierten touristischen Stützpunkt. Die 1981 erstmals den Reiseveranstaltern angebotene großzügige Hotelanlage (250 Betten) einer Colombo-Handelsfirma führt bereits zwei ähnliche Hotelbetriebe in Beruwala und engagiert sich im Touristikgeschäft vielfältig und erfolgreich mit dem Ziel der Diversifikation. Und in nördlicher Richtung, 15 km entfernt, ist seit 1978 auf der ebenfalls isolierten Nehrung von Kalutara-Süd (Katukurunda) eine großzügige Hotelanlage (zunächst 210 Betten) in Anbindung an ein französisches Touristikunternehmen entstanden und deshalb auch von diesem Markt und seinen Reisegewohnheiten geprägt.

Das einzige Beispiel von ausländischem *Sozialtourismus* bietet *Hikkaduwa*. Zur Hotelzone westlichen Anspruchsdenkens südlich der Ortsmitte sind – und damit der Entwicklung an den anderen Strandabschnitten voraus – in den letzten Jahren eine Anzahl privater einfacher Familien-Bungalows in Gästehäuser umgewandelt worden, die eine bisher unbekannte Schicht junger Individualtouristen mit schmaler Geldbörse ansprechen, zumeist der jüngeren Generation unter 30 Jahren, überwiegend Westeuropäer und Amerikaner („Rucksacktouristen", „Travellers") und, wie alle Bungalows, inmitten den Palmgärten hinter der Küstenstraße im Hinterland verstreut stehen. Für diese Touristenschicht sind weiterhin nach und nach bescheidene Essensmöglichkeiten in anspruchslosen boutiqueartigen Kleinrestaurants in privater lokaler Initiative, zum großen Teil von Ceylon Moors, geschaffen worden und bescheidenste Andenkenläden (Buden) entlang der Galle Road entstanden. Als weitere Kategorie von Beherbergungsbetrieben, aber von den ceylonesischen Tourismusbehörden beargwöhnt und nicht registriert, sind in jüngster Zeit, ähnlich indischen Entwicklungen (Goa, südliches Kerala), von der Fischerbevölkerung Palmstrohhütten errichtet worden für umgerechnet 0,50 DM je Bett/Nacht, die vor allem von langfristigen Globetrottern bevorzugt werden (Fischerdorf Narigama bei Hikkaduwa, vgl. Abb. 17).

Die übrigen infrastrukturellen Einrichtungen sind bescheiden: Souvenirbuden direkt am Strand überwiegen, beschränkt auf Batikkleidung nach billigem Touristengeschmack und Obst und Säfte; Souvenirgeschäfte befinden sich auf einigen Hotelgrundstücken und − selten − dort an der Küstenstraße, wo eine gewisse Hotelkonzentration vorhanden ist. Restaurants, Tearooms für Erfrischungen sind fast nur auf die Hotels beschränkt. Dies Vakuum fällt am stärksten im National Holiday Resort Bentota auf, wo hinter den Strandhotels und der Bahnlinie ein „grünes" Zentrum mit Teich für touristische Infrastruktureinrichtungen reserviert ist: bisher ein Informationszentrum, das mehrere Souvenirgeschäfte und ein Reisebüro beherbergt, ein kleines Touristenpostamt, eine Bankfiliale und eine Polizeistation (!). Binnen zehn Jahren war weder eine Park- noch Wegeanlage geschaffen worden. Ähnliches stellt man angesichts geradezu idealer natürlicher Voraussetzungen bei der Nutzung der Wassersportmöglichkeiten fest (Lagunen, Bentotafluß, Creeks), wo gemeinnützige, allen Hotelbetrieben zugute kommende Initiativen nicht vorhanden sind. Davon profitiert dann der unternehmungsfreudige Tourist, dem sich auf stillen urwüchsigen Gewässern die tropische Fülle und Üppigkeit unverfälsch auftut. Die Touristen erholen sich überwiegend am Swimmingpool, im Hotelgarten, am Strand und selten auf Erkundungsfahrten entlang der Küste und im Hinterland, obwohl es an Ausflugsangeboten nirgends fehlt. Hier müßte seitens (noch fehlender!) ceylonesischer Touristikorganisationen vor Ort aufgeklärt und geworben werden − eine ganz wesentliche Zukunftsaufgabe in einer Konsolidierungsphase.

Die *Touristen* kommen − stark gemischt − zum großen Teil aus Mitteleuropa: dominierend wieder die Deutschen (50−80 %), viele Schweizer, Österreicher, gefolgt von entweder Schweden oder Franzosen. Die ersten überwiegend als Chartertouristen in organisierten Gruppen ausländischer Reiseveranstalter in Ein-, Zwei- bis Dreiwochenprogrammen, letztere in kleinen Gruppen zur Erholung für einige Tage (bis zu ein oder zwei Wochen, aber seltener) anläßlich typisch französischer Bildungsreisen nach Südasien bzw. Indien − Sri Lanka.

Die *Saisonalität* der Touristik ist an der Südwestküste noch viel ausgeprägter als an der Negomboküste, wo die Nähe zum Flughafen auch zu Kurzaufenthalten in den flauen Sommermonaten genutzt wird. Die Belegungsraten (Tab. 14) weisen eine durchaus kurze Hochsaison von Dezember bis März mit den Spitzenmonaten Januar bis März aus (über 80 %) und eine Außersaison von Mai bis Juli (unter 20 % und unter 10 % belegt), während die Zwischensaison wenigstens die laufenden Unkosten einbringt. Der Erholungstourismus ist in den Tropen also weithin ein ausgeprägtes Saisongeschäft.

Die *Zukunftsperspektiven* lassen aufgrund des vielseitigen, nicht zuletzt natürlichen Potentials − von allem was die Traumvorstellung vom Tropenparadies betrifft − und der bisherigen recht dynamischen Entwicklung ein Nachziehen vor allem der vielen genannten infrastrukturellen Desiderate und der ceylonesischen gemeinnützigen Initiative zur besseren und behutsamen Erschließung des weithin noch brachliegenden Potentials in den achtziger Jahren erwarten. Hier ist an die Aufstellung von organisierten und individuellen Ausflugsprogrammen, an individuelle Begegnungen zwischen einheimischer „Intelligentsia" und ausländischen Besuchern, an Vortragsangebote neben den sogen. „Kulturtänzen", touristisch aufgeputzten traditionellen Dorftänzen, zu denken.

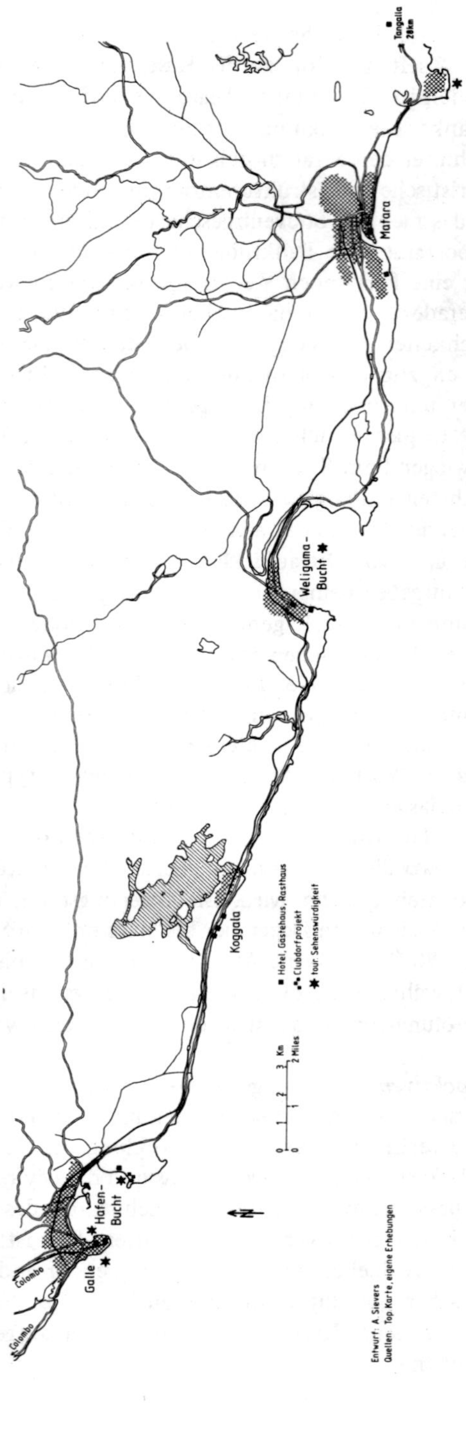

Abb. 18: Regionale Verbreitung des Ferntourismus an der Südküste von Sri Lanka

3.4.. DIE STRANDREGION AN DER SÜDKÜSTE

(dazu Abb. 18)

Die Strandregion an der Südküste mit der einzigen Verdichtungszone Koggala, 10 km östlich Galle, ist das jüngste Touristikgebiet Sri Lankas, ein gutes Beispiel für den Diffusionsprozeß entlang der Küste südlich Colombo. Erfolgreicher Neubeginn eines alten Ansatzes (Hikkaduwa) und Auffüllung (Ahungalla) haben zu einer touristischen Ausdehnung über die bisherige „Schallmauer" Galle geführt, 110 km von Colombo, knapp 150 km vom Flughafen entfernt.

Es gibt mancherlei Gründe für eine solche Ausdehnung entlang der Südküste östlich Galle. Am wichtigsten ist das *Potential* der Südküste. Sie ist durch nicht minder große landschaftliche Reize gekennzeichnet als die Südwestküste nördlich Galle. Die vielleicht schönste, schon in der Kolonialzeit als Geheimtip gerühmte Bucht Sri Lankas, die Weligama-Bucht, von einem Korallenriff umschlossen, ist nun auch für den Ferntourismus entdeckt worden. Noch immer wird sie von Ausliegerbooten und sogenannten Stelzenfischern belebt. Sie liegt 15 km östlich Koggala auf dem Weg nach Matara. Östlich läßt die Üppigkeit der Vegetation, vor allem die Kokospalmenhaine, merklich nach und leitet in die kargere Trockenzonenlandschaft über. Schon östlich Galle nehmen die die meisten West- und Ostküstenabschnitte charakterisierenden Lagunen und Nehrungen ab. Die Südküste ist in ihrem westlichen Teil zwischen Galle und Tangalla eine Riasküste (=ertrunkene Täler), während viele meist kleine Ausbuchtungen zum besonderen Reiz des Südküstenabschnittes über Matara und Dondra Head, die felsige Südspitze Sri Lankas, bis Tangalla beitragen. Die Hotelzone Koggala Beach entsteht auf einer solchen Nehrung zwischen dem Koggala-See und dem Meer. Sozioökonomisch ist die Südküste durch traditionelle Fischerei und Kokosproduktion in bäuerlichen Kleinbetrieben gekennzeichnet, die auf allen Wegen und Straßen zu beobachten ist. Beide Wirtschaftsformen erscheinen dem Beobachter als die Haupttätigkeitsbereiche einer nochmals außerordentlich dicht siedelnden und traditionsgebundenen ländlichen Bevölkerung. Wer Kontakt mit konservativer, noch kaum verwestlichter buddhistischer Gesellschaft und das alte, ursprüngliche Lanka sucht, sollte den Süden aufsuchen und den weiten Weg dorthin nicht scheuen. Er erreicht in einem Tagesausflug eine der eindrucksvollsten, nicht so häufig besuchten Ruinenstätten der Trockenzone, Tissamaharama im altsinghalesischen Königreich Ruhunu (rund 140 km von Koggala) und den benachbarten Yala National Park (Wildpark).

Die touristische *Infrastruktur* dieser von der Touristik erst wenig berührten Südküste zwischen Galle und Tangalla dient zweierlei Funktionen:

1. Seit Beginn der Rundreiseangebote (Inselrundfahrten, individuell und gruppenweise) fungieren ihre wenigen Beherbergungsbetriebe als Übernachtungsstationen auf dem Weg zwischen dem Hochland über die Südroute nach Colombo bzw. zu den Westküstenstränden. Ein modernes Hotel in *Tangalla* (72 Betten) auf vorgeschobenem reizvollem Posten lebt überwiegend von diesem Durchgangsverkehr, ebenfalls *Matara* mit nur 40 Betten. Auch *Galle*, entfernungsmäßig für eine

Fahrtunterbrechung günstig zum Flughafen bzw. zu Colombo gelegen, hat die gleiche alleinige Funktion mit einem alten, etwas renovierten Hotel voll kolonialem Charme, wie es die Ceylonesen und Briten lieben, Beispiel der kolonialholländischen Architektur.

2. Badetouristen finden am schmalen Strand von Koggala gute Bade- und Erholungsmöglichkeiten, wenn auch in ghettohafter Isolation. Die Hotelzone *Koggala Beach* entstand vor dem landschaftlichen Hintergrund eines teilweise noch erkennbaren Landestreifens und einiger umfunktionierter Gebäude der britischen Luftwaffe aus dem zweiten Weltkrieg und einem landschaftlich völlig unberührten Seen- und Inselhorizont (Boote, Vogelbeobachtung, alte Baumbestände). Hier müßte und könnte viel zur Erschließung getan werden. Während die unter 1 aufgeführten Übernachtungsstationen Anfang der siebziger Jahre in privater, lokaler Initiative in Etappen gebaut wurden, wurden hier drei Hotelanlagen zu insgesamt rund 700 Betten, davon eine mit allein 410 Betten, seit Ende 1976, überwiegend 1977 in Betrieb genommen, die dritte erst 1982; und zwar alle drei in mehreren Bauphasen aus kleinen Anfängen heraus (20–30 Doppelzimmer), wie es für alle Privatinitiativen in Sri Lanka so kennzeichnend ist. Typisch ist auch hier wie in Tangalla, Matara und Weligama der lokale Kontakt: Anteileigner (ein Teil der Aktionäre) – eine Familien- oder Freundes-GmbH – stammen aus dem Dorf, haben dort noch Wurzeln und Landbesitz, leben aber zum großen Teil inzwischen in Colombo. Als kleine, aber konkurrierende Alternative zur Koggala Beach-Hotelzone ist an der *Weligama-Bucht* auf dem Steilrand einer privaten Kokospalmenplantage ein Hotelgrundstück abgetrennt worden, das in seiner ersten Phase mit 32 Doppelzimmern 1980 in Betrieb genommen worden ist (Planungsziel 80 Doppelzimmer), nachdem seit Jahrzehnten bereits ein aus einem Rasthaus umgebautes Kleinhotel an der Bucht steht.

Koggala Beach ist mehr noch als andere Regionen aufgrund der weiten Entfernung auf Kontakte mit mehreren großen ausländischen Reiseveranstaltern angewiesen (ca. 80 % Gruppenreisen), die ihrerseits die Südküste als Alternative zur übergroßen Nachfrage in der Hauptsaison anbieten. Diese *Touristen* kommen ganz überwiegend aus der B.R. Deutschland und Schweden.

Auch an der Südküste ist die touristische *Saisonalität* so ausgeprägt wie an der Südwestküste. 70 % der Ausländerübernachtungen entfallen auf die Wintermonate November bis März, während sie von Mai bis Juli minimal sind. Entsprechend sind die sozioökonomischen Auswirkungen. Nirgends auf der Insel ist in der frühsommerlichen Außersaison die Belegungsrate so niedrig wie hier (zwischen 10 und 20 %), und selbst in der Hochsaison beträgt die Höchstbelegung nicht mehr als 74 % (Januar/Februar 1980 – vgl. Tab. 14), was einen deutlichen Hinweis auf die Nachfragegrenzen und ihre Auswirkung auf die erst jüngst gewachsenen Hotelkapazitäten gibt.

Für die *Zukunftsaussichten* bedeutet dies aber auch, daß die touristische Entwicklung hier an eine entscheidende Grenze stößt: der Entfernungsfaktor ist nicht zu verkennen. Deshalb ist die alternative Funktion zu den Stränden an West- und

Südwestküste allein nicht überzeugend. Touristikinfrastrukturelle Einrichtungen müssen hier noch weit mehr geschaffen werden als an der konkurrierenden Südwestküste. Während dort und in allen wichtigen Touristikregionen die Belegungsraten kräftig angestiegen sind — bis zu 10 % im Jahresschnitt 1980 gegenüber 1979 (Südwestküste, Mt. Lavinia, Ruinenregion) — haben sie an der Südküste stagniert, obwohl das Übernachtungsvolumen am landesdurchschnittlich 20 %-igen Wachstum von 1979 auf 1980 partizipiert hat. Die Südküste als jüngste touristische Wachstumsspitze hat offensichtlich ihre äußeren Grenzen erreicht.

3.5. DIE STRANDREGIONEN AN DER OSTKÜSTE

Angesichts der Ostküstenlänge mit ihren Lagunen und Nehrungen, mit ihren weißen sauberen Stränden, den schönsten Sri Lankas, nehmen sich die beiden in touristischer Entwicklung begriffenen Räume als quantitativ bescheidene, sehr punktuelle Ansätze aus: der Raum um Trincomalee und die Passekudah-Bucht von Kalkudah. Sie sind durch die weite Entfernung von den Dichtezentren der Westküste, durch sieben bis acht Stunden Fahrt auf einer mäßigen (Trincomalee) bis schlechten (Passekudah) Straße gegenüber den anderen Strandregionen benachteiligt. Sie erscheinen hingegen bevorzugt durch die Unberührtheit und Einsamkeit infolge geringer Bevölkerungsdichte und sparsam verteilter Siedlungen, bevorzugt nicht zuletzt auch durch die Beständigkeit von Sonnenschein und Trockenheit (Regenzeit: durchschnittlich November bis Januar), benachteiligt hingegen durch relative landschaftliche Monotonie (Nehrungsküste, lange Dürrezeit) und Einförmigkeit der bescheidenen wirtschaftlichen Nutzungsmöglichkeiten. Nahe Ausflugsziele mit Kontrasterlebnissen fehlen hier im Gegensatz zu den West- und Südwestküsten, wo es nur weniger Kilometer landeinwärts bedarf, um ganz andere Aspekte der Insel kennen zu lernen. Diese Ostküstenstrände bieten aber eine für den ceylonesischen Ferntourismus bedeutsame, wenn auch dem Volumen nach begrenzte *Jahreszeiten-Alternative*. Zur Zeit der sommerlichen heftigen Südwestmonsunregen und Stürme im Westen der Insel herrscht im Osten ein ruhiges und sonnenreiches, trockenes Klima (vgl. Tab. 9, Abb. 11), also zur Zeit der westeuropäischen langen Ferien- und Urlaubszeit. Eine Bildungsreise ins Innere als Rundreise läßt sich dann mit einem Erholungsaufenthalt an der Ostküste verbinden, oder von einem Strandurlaub aus können, je nach Standort, Tagesausflüge zu den verschiedenen Ruinenstätten unternommen werden. So ist denn auch der Ausländerbesuch (Übernachtungen) an der Ostküste in allerjüngster Zeit überdurchschnittlich gestiegen, um 30 % allein zwischen 1979 und 1980 (statt 20 % für Sri Lanka). Tab. 12 zeigt an der Ostküste eine sehr ausgeprägte kurze Hochsaison für die beiden europäischen Ferienmonate Juli und August, mit einer deutlichen Spitze im August, was auf europäische Urlaubsgewohnheiten und die Kandy Perahera zurückzuführen ist. Dann allein beträgt die Belegungsrate 70 bzw. 86 % (1980), d.h. nur dann sind die wenigen Hotels fast bzw. voll ausgelastet. Die Anstrengungen der letzten Jahre haben immerhin einen Jahresschnitt von 47 % (1980) erbracht. Trotzdem ist das touristische Volumen zur gleichen Zeit, also unter nicht so günstigen Witterungsbedingungen, in Colombo und an der Südwestküste immer noch größer als an der Ostküste. Sie ist also im Sommer nur eine, aber nicht die Alternative zu anderen ceylonesischen Feriengebieten. Das Klima spielt nicht die allein entscheidende Rolle für die regionale Wahl. Die schlechte bzw. unbequeme Verkehrslage kommt hinzu, so daß beispielsweise die großen ausländischen Reiseveranstalter in jüngster Zeit ihre Angebote für einen Ostküstenurlaub auf einen Standort und hier auf ein bis zwei Beherbergungsbetriebe reduziert haben, während noch Mitte der siebziger Jahre beide Standorte angeboten wurden. Die Ostküste steht seit Jahren an nur sechster Stelle der Übernachtungen.[31]

Die *Zukunftsperspektiven* bleiben in bescheidenen Grenzen. Die Trincomalee-Küste ist besser erreichbar und besser an andere wichtige Ziele angeschlossen als die Passekudah-Bucht. Solange ihre Verkehrsanbindung sich nicht grundlegend bessert — und das ist auf absehbare Zeit nicht zu erwarten, auch nicht eine akzeptable Flugverbindung — bleibt das ökonomische Risiko der bestehenden und jeder weiteren touristischen Entwicklung groß, wie die zögernde Haltung der europäischen Touristikunternehmen zeigt, die aus Gründen besserer und schnellerer Erreichbarkeit eher geneigt sind, der Trincomalee-Küste als Ostküsten-Alternative den Vorzug zu geben. Außerdem: nur Gruppentourismus bringt angesichts der verkehrsgeographischen Hemmnisse ökonomische Sicherheit und Gewinn. Der Bedarf an geschulten Hotelbeschäftigten rekrutiert sich von der Westküste, was ebenfalls eine große Erschwernis ist.

Im folgenden wird eine Differenzierung der beiden Standorte zur besseren Kennzeichnung ihrer Identität versucht. Das Zahlenmaterial beruht auf Feldforschungsergebnissen.

3.5.1. Raum Trincomalee

(dazu Abb. 19 und 20)

Auf einer hügeligen Halbinsel an der sehr schönen Bucht von *Trincomalee* steht seit Jahrzehnten ein kleines schlichtes Hotel und in seiner Nachbarschaft von verstreuten Bungalows, dem einst kolonialbritischen Villenviertel, sind in den letzten Jahren einige davon in Gästehäuser umfunktioniert worden. Eine einzelne isoliert gelegene, großzügige Hotelanlage ist an der Back Bay 10 km nördlich Trincomalee Ende 1974 in Betrieb genommen und auf 150 Betten (1980) vergrößert worden. Eine ghettoartige kleine Hotelzone in sehr lockerer Streulage ist hingegen nördlich *Nilaveli* entstanden, fernab vom Lärm in einem dünn besiedelten und vegetationsarmen Raum, zwischen einsamen Lagunen und weißen endlosen Stränden.

Das natürliche und soziokulturelle *Potential* ist zwar im Vergleich zur immerfeuchten West- und Südküste durch eine gewisse Monotonie geprägt, entbehrt aber in der langen Dürrezeit keineswegs des Reizes. Die Fischerbevölkerung und die bäuerliche Lebensweise (Reisanbau und Fruchthaine unter schwierigen ökologischen Bedingungen) können hier in der Nachbarschaft beobachtet werden. Die Nähe zu Trincomalee (47 000 Einw. 1980), einem der wichtigsten Häfen Sri Lankas und gegenwär-

---

[31] Die CTB-Statistik faßt die Ostküsten-Standorte zusammen.

Die Strandregionen an der Ostküste

Abb. 19: **Regionale Verbreitung des Ferntourismus an der Trincomalee-Küste**

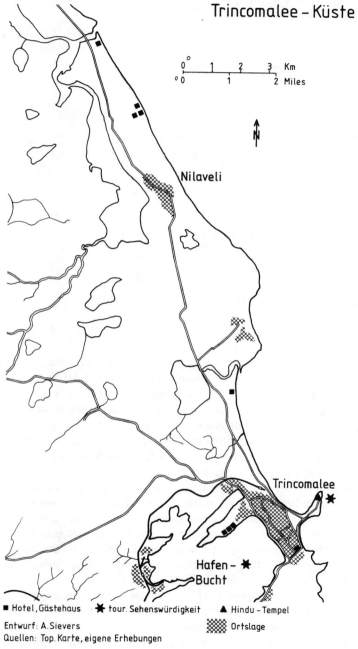

Abb. 20: Tourist. Infrastruktur von Nilaveli

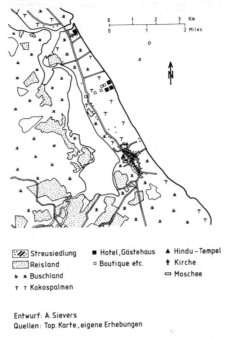

Streusiedlung	■ Hotel, Gästehaus	▲ Hindu-Tempel
Reisland	□ Boutique etc.	† Kirche
* Buschland		⌐⌐ Moschee
T T Kokospalmen		

Entwurf: A. Sievers
Quellen: Top. Karte, eigene Erhebungen

tig im Aufwind dank großen Entwicklungsprojekten (u.a. Ölraffinerie), seine vielseitige Buchtenlage, seine kulturelle Bedeutung als Hinduzentrum (der malerische Swami Rock mit alter Tempelanlage in aussichtsreicher Lage), die traditionellen Fischanlandungen in der Back Bay und die seit Jahrzehnten wenig gewandelte Stadtphysiognomie sind ein lohnendes, abwechslungsreiches Ausflugsziel. Alle anderen Ziele, nämlich die Ruinenstätten mit Anuradhapura als der nächstgelegenen (ca. 135 km), sind auf Tagesausflügen angesichts der vielen Sehenswürdigkeiten schwerlich bzw. nur unbefriedigend zu erreichen.

Der Raum Trincomalee verfügt inzwischen über rund 530 Betten in fünf klassifizierten Hotels, davon bei Nilaveli allein 340 Betten in drei Hotels (1980), allesamt in einer stilvollen Tropenarchitektur unterschiedlichen Standards. Der touristische *Erschließungsprozeß* begann, wenn von dem einzigen noch kolonialzeitlichen Kleinhotel (1936) abgesehen wird, erst 1974, als nach den ersten Touristikanstrengungen an den Westküstenabschnitten der Blick auf eine touristische Zukunft der Ostküste gelenkt wurde. In kleinen Bauabschnitten wurde bis 1980 das Volumen erreicht. Die im zweiten Tourismusplan (1976) erwähnte Weiterentwicklung in Richtung Feriendorfanlage stagniert seitdem. Die obere Kapazitätsgrenze scheint, was die touristische Nachfrage bzw. die Belegungsrate als deutlicher Hinweis betrifft, bereits erreicht zu sein. Dafür bedarf es weiterer Infrastruktureinrichtungen, um Abwechslung in Strandleben und Urlaubsgestaltung zu bringen; wobei der mit 500–600 Betten sehr eng gezogene wirtschaftliche Rahmen keine größeren Investitionen zuläßt.

Die *Touristen* sind hier anders als bisher national sehr gemischt. Das deutsche Element ist zwar mit durchschnittlich 60 % immer noch stark vertreten; es kommen aber auch auffällig viele Franzosen und Italiener in jeweils kleinen Gruppen (je 10–20 %), die durchweg kombinierte Ceylonreisen (alte Kultur und Badeurlaub), buchen. Seit kurzem kommen auch britische Chartertouristen. Amerikanische Individualtouristen auf ebenfalls kombinierten Rundreisen bilden eine weitere Minderheit (10–15 %), Schweizer trifft man als Gruppenreisende auch hier wieder. Die durchschnittliche Aufenthaltsdauer beträgt bei den Deutschen ein oder zwei Wochen, bei anderen Nationen meist kürzere Zeit.

3.5.2. Die Passekudah-Bucht bei Kalkudah

(dazu Abb. 21)

Ähnlich der Weligama-Bucht an der Südküste galt die einsame Passekudah-Bucht bei Kalkudah immer schon als Geheimtip für die Ostküste. Von der Straße an die Ostküste über Habarane-Polonnaruwa nach Batticaloa, der zweiten Stadt (42 000 E. 1980) an der Ostküste neben Trincomalee, zweigt eine wenige Kilometer kurze

Abb. 21: Tourist. Infrastruktur von Kalkudah – Passekudah

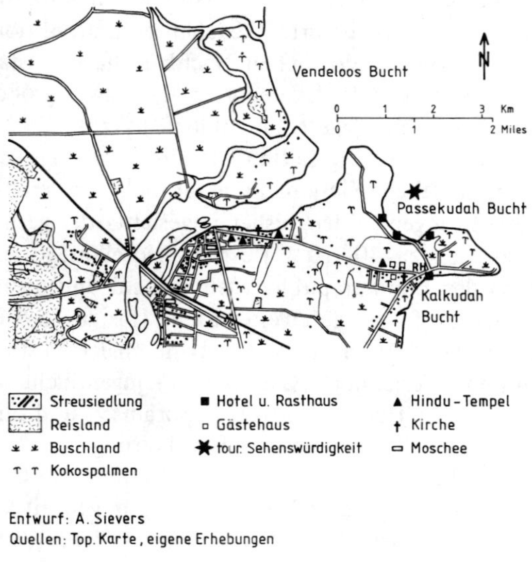

Stichstraße von Valaichchenai nach Kalkudah und zur Passekudah-Bucht ab, vom Flughafen Colombo aus eine Fahrtdauer von sieben bis acht Stunden. Von hier aus führt die Hauptstraße an der Ostküste entlang in 30 km nach Batticaloa. So still und menschenleer die von einer wenig ertragreichen Kokosplantage gesäumte Bucht auch sein mag, so hoch ist die Bevölkerungsdichte in den Lagunendörfern entlang diesem Ostküstenabschnitt von Valaichchenai bis Batticaloa: Fischer und Händler großenteils moorischer Abstammung, deren Siedlungen schon physiognomisch die muslimische Tradition anhaftet (vgl. Sievers 1964, 93f., 114). Sie haben in der Isolation des Ostens ihren angestammten Charakter über die letzten Jahrzehnte hin kaum verändert, sind nur an Einwohnerzahl sehr gewachsen. Diese Dörfer machen im wesentlichen das soziokulturelle *Potential* für den jungen abgeschiedenen Touristikstandort aus. Das natürliche Potential besteht in der Unberührtheit und Sauberkeit eines breiten Strandes innerhalb einer kleinen überschaubaren, durch ein Korallenriff abgeschlossenen Bucht, wo es ähnlich der Weligama-Bucht die besten und auch sichersten Bade- und Schwimmöglichkeiten Sri Lankas gibt. Die Ruinenstätten von Polonnaruwa können, 70 km entfernt, in einem Tagesausflug erreicht werden. Der große, landschaftlich sehr schöne Stausee im Gal Oya Nationalpark, Senanayke Samudra, mit großem Wildreichtum (Elefanten vor allem), liegt 130 km entfernt, wobei die Fahrt an der Nehrungsküste von Batticaola entlang und durch das größte östliche Kolonisationsgebiet am Gal Oya-Fluß gute Einblicke in sozioökonomische Existenzfragen des Ostens bietet (Kolonistensiedlung, Bewässerungsprobleme, Erweiterung der Reisanbauflächen, Zuckerrohr – s.a. Farmer 1957).

Die Voraussetzungen für eine freilich bisher sehr bescheidene touristische *Infrastruktur* hat der CTB durch Planung 1973 als National Holiday Resort und durch die Zurverfügungstellung des Grundstückes geschaffen. Die Ausgestaltung ist wie in allen diesen nationalen Ferienzentren privater Initiative überlassen. Drei klassifizierte Beherbergungsbetriebe und an der Stichstraße von Kalkudah zum nächsten Dorf Valaichchenai einige in preiswerte Gästehäuser umfunktionierte Bungalows sind seit 1975 getrennt von der dörflichen Nachbarschaft entstanden. Sie stellen einschließlich Gästehäusern vier Preiskategorien dar: zwei größere Hotelbetriebe und eine kleine lockere Hüttenanlage („Feriendorf"). Trotz Einzelgröße und einer Kapazität von insgesamt rund 300 Betten (1980) wird angesichts der lockeren Streulage der landwirtschaftliche Gesamtcharakter nicht sonderlich gestört. Weitere infrastrukturelle Einrichtungen fehlen bisher angesichts der geringen Kapazitäten.

Die Touristen entstammen zu 40–70 % (je nach Hotelkategorie: die meisten mit höheren Ansprüchen) der Bundesrepublik Deutschland und zwar als Gruppenreisende (Charter). Franzosen folgen an zweiter Stelle (bis zu 25 %) in Kleingruppen, Schweizer an dritter Stelle. Stärker als an der Trincomalee-Küste fallen hier in den unteren Preiskategorien (Feriendorf, Gästehäuser) jugendliche Globetrotter auf, wenn auch im Vergleich zu Hikkaduwa recht sporadisch und ohne weitreichende ökonomische Bedeutung für die einheimische Bevölkerung.

Die Saison ist auch hier kurz: klimatisch lang, weil nur eine auf wenige Wintermonate (November bis Januar) begrenzte Nordostmonsunregenzeit katastrophale Straßenverhältnisse schafft, Zufahrten und Versorgung erschwert, aber innerhalb der vielen sonnenreichen und trockenen, dürren Sommermonate können Touristen nur während der europäischen traditionellen Ferienwochen angelockt werden (Oster- und Sommerferien). Die monatlichen Belegungsraten spiegeln diese Situation gut wieder: eine relative Vollbelegung in den Monaten Juli/August (s. S. 85 und Tab. 14).

3.6. ERHOLUNGSRÄUME IM GEBIRGE

Die Nähe des Gebirges zu den Stränden im Westen und Süden und seine günstige Verkehrsanbindung, ja das vielfältige Straßennetz zwischen Küsten und Gebirge auf der Westseite machen Sri Lanka so einzigartig innerhalb der südasiatischen Zielgebiete. Von Jahr zu Jahr, mit wachsendem Bekanntwerden, besserer publizistischer und individueller Vorbereitung hat die touristische Entwicklung des ceylonesischen Gebirgslandes zugenommen, wenngleich es Hemmnisse gibt, die sie aufhalten bzw. ihr deutliche Grenzen setzen.

Zwei Regionen müssen ihren touristischen Funktionen entsprechend unterschieden werden:

— *das Bergland von Kandy* mit Höhenlagen zwischen etwa 500 und 1000 m, das durch sehr unterschiedliche touristische Funktionen gekennzeichnet ist:
als Durchgangsstation,
als Besichtigungsstation,
als Pilgerziel,
seltener bisher (!) als Erholungsziel;
— das sogenannte *„Teehochland"* in Höhenlagen zwischen 1000 und 2500 m, dessen unbestrittenes Zentrum Nuwara Eliya ist und heute überwiegend nur Durchgangsraum auf dem Weg von Kandy zur Süd- und Südwestküste ist, erst in zweiter Linie im Rahmen eines bescheidenen Binnentourismus ein höhenklimatisches Erholungsziel in Fortführung der kolonialbritischen Tradition.

Der CTB berücksichtigt diese touristikbedingte Zweiteilung in seiner statistischen Aufgliederung nicht (vgl. S. 56), sondern bezieht Kandy in die „Ancient Cities" ein, was von seiner Funktion als bedeutendes buddhistisches Pilgerziel her gerechtfertigt sein mag, aber nicht im Hinblick auf den modernen Ferntourismus.

3.6.1. Das Bergland von Kandy als potentieller Erholungsraum

(dazu Abb. 22 und den Abschnitt über das Kandy-Bergland bei Sievers 1964, S. 255ff.)

Eine alte und vielfältige touristische Tradition kennt zunächst Kandy selbst: als historisch altehrwürdiges buddhistisches Pilgerziel und als kolonialbritische schnell erreichbare Klimastation für kurze Erholungsaufenthalte dank seinem milden Hö-

Abb. 22: **Tourist. Infrastruktur von Kandy und Umgebung**

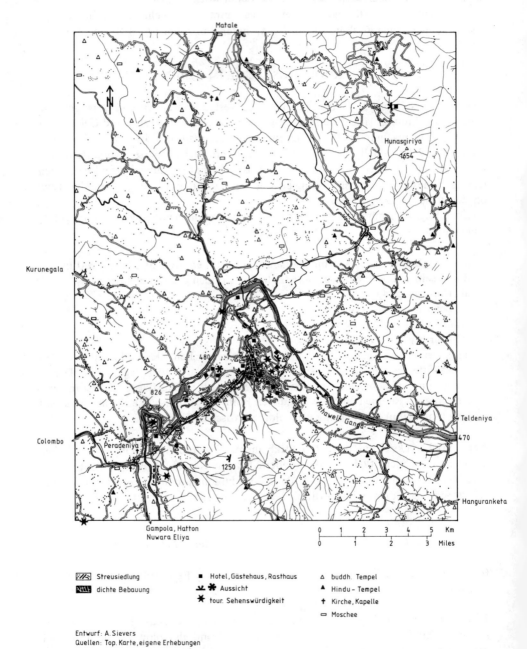

henklima, seinen hohen landschaftlichen Reizen, seinen alten dörflichen Traditionen. Das Queen's Hotel entstand schon Mitte des 19. Jahrhunderts am unteren Ende des Kandy-Sees, dort, wo zunächst die britischen Kolonialtruppen Quartier bezogen. Es wurde zum Treffpunkt der Pflanzer aus dem umliegenden Bergland, später auch aus dem Teehochland und wird bis auf den heutigen Tag von den Ceylonesen als historisches Bauwerk erhalten allen ökonomischen Einsichten zum Trotz, die es gern durch ein modernes Hotel ersetzen wollen: Zeichen traditionsbewußter Haltung und Beharrlichkeit.

Die *Priorität des Pilgerzieles* hat sich auch über das letzte Jahrzehnt eines internationalen Ferntourismus großen Stils erhalten. Davon lebt Kandy auch heute unter sonst gewandelten Vorzeichen. Denn die Dalada Maligawa, den Zahntempel, und seine schöne See- und Waldumgebung gesehen zu haben, gilt inzwischen als ein Muß auch beim europäischen Durchschnittstouristen, dem „Badetouristen". Für den Pilgertourismus in Kandy gilt, was auf Seite 49 bereits allgemein für den ceylonesischen Pilgertourismus gesagt wurde, der vor allem ein Inlandstourismus ist: es gibt keinerlei Zählungen, statistische Angaben seitens der Tempelaufsicht oder der städtischen Behörden. Auch nicht für die jährlich einmal im Juli und August zur Vollmondzeit abgehaltene Kandy Esala Perahera, ein Fest und mehrere Prozessionen, die in diesen Wochen bei vielen Touristen zur wichtigsten Motivation für eine Erholungs- oder Bildungsreise nach Sri Lanka wird, sofern ausreichend Vorkenntnisse bestehen. Rund zehn Nächte lang wird in der ehemaligen Königsresidenzstadt Kandy eine aus dem Mittelalter stammende königliche Tradition in einem farbenfrohen Spektakel gefeiert. Bis zu hundert reich geschmückte Elefanten, Tänzer und Fackelträger in traditionsreichen malerischen Gewändern wirken zu Ehren der höchsten buddhistischen Reliquie mit, nämlich – einer Legende zufolge – des Zahns Buddhas, der vom kostbar geschmückten Tempelelefanten getragen und von Würdenträgern aus den alten Kandy-Häuptlingsfamilien in Prozession begleitet wird;[32] eines der wichtigsten buddhistischen Feste im Jahreslauf und ein echtes Volksfest, das Tausende von Pilgern anzieht und dem sich neuerdings viele ausländische Touristen beigesellen, ohne daß damit das religiöse Ereignis touristisch verfälscht wird.

Binnen- wie ferntouristisch betrachtet, gibt es ein weiteres Motiv, um Kandy zu besuchen, meist in Verbindung mit dem Zahntempel: der *Botanische Garten* von Peradeniya, wenige Kilometer von Kandy, eine der auch unter wissenschaftlichen Gesichtspunkten bedeutendsten und in der Landschaftsgestaltung schönsten Tropenanlagen. Der Royal Botanic Garden geht bereits auf die Zeit der Könige von Kandy zurück, als Wickrama Bahu III. im Jahre 1371 in der großen Flußschlinge der Mahaweli Ganga bei Peradeniya seine Residenz erbaute. Während der Regierungszeit von König Kirti Sri (1747–1780) wurde hier ein königlicher Garten angelegt. Sechs Jahre nach Beendigung des Eroberungsfeldzuges von Kandy, im Jahre 1821, entstand daraus unter den britischen Kolonialherren ein Botanischer Garten, der als Anlage und für die Forschung bald internationale Bedeutung gewann. Hier läßt sich

---

[32] Das hat schon J.E. Tennent (1860) tief beeindruckt so beschrieben.

das touristische Interesse quantitativ messen, seit ein Eintrittsgeld verlangt wird (1973), um ihn den gestiegenen Ansprüchen entsprechend zu pflegen und weiterzuentwickeln (Wegenetz, Neubau des Orchideenhauses 1976, Cafeteria 1978, Wartungspersonal).

Tab. 15: In- und ausländische Besucher im Botanischen Garten von Peradeniya (1973–1980)

	Inländer	Ausländer	Alle Besucher
1973	268 531	48 498	317 029
1974	276 609	48 199	324 808
1975	306 775	52 755	359 530
1976	305 014	66 295	371 309
1977	283 855	88 039	371 894
1978	398 303	104 976	503 279
1979	383 429	145 131	528 560
1980	414 483	159 788	574 271

Tab. 16: In- und ausländische Besucher im Botanischen Garten von Peradeniya (nach Monaten 1980)

Monat	Inländer	Ausländer	Alle Besucher
Januar	32 044	18 716	50 760
Februar	46 094	17 343	63 437
März	55 652	18 548	74 200
April	46 111	11 899	58 010
Mai	30 088	8 501	38 589
Juni	23 519	5 406	28 925
Juli	21 897	10 798	32 695
August	45 113	14 990	60 103
September	27 106	9 481	36 587
Oktober	29 744	12 383	42 127
November	27 287	14 336	41 623
Dezember	29 828	17 387	47 215
Jahr 1980	414 483	159 788	574 217

Quelle: Besucherbücher (Eintrittsgebühren – Nachweise) des Royal Botanical Garden von Peradeniya (dort noch untergliedert entsprechend den ermäßigten Tarifen für Schulkinder und Studenten). Auch tariflich werden In- und Ausländer unterschieden.

Dieser Statistik sei deshalb auch besondere Beachtung geschenkt, weil es an zuverlässigen Zahlen zum inländischen Tourismus mangelt und sie als Indikator für Freizeitgestaltung, Naherholung, Bildungsreise bzw. Schulausflug wenigstens quantitative Anhaltspunkte zur Bewertung gibt. Die Jahresanalyse ergibt eine Verdoppelung der Besucherzahlen, bedingt vor allem durch eine Verdreifachung ausländischer Besucher, aber insgesamt einen jährlich überragenden inländischen Besucherstrom. Die Monatsanalyse zeigt eine anhaltende Besucherspitze in den Wintermonaten bei Einheimischen (Pilgersaison Adam's Peak als wichtiges Motiv: Weg über Peradeniya-Kandy) und Ausländern (Tropenreise im Winter) und eine kurzfristige Spitze bei allen Besuchern im August (Kandy Esala Perahera und Schulferien als Hauptmotive). Das touristische Potential Kandy's zieht also gleichermaßen In- und Ausländer an, ist aber zunächst und seit je als erstrangiges Pilgerziel eine Motivation für Einheimische. Seine touristikökonomische Bedeutung ist im Vergleich zur internationalen Kandy-Touristik relativ unbedeutend.

Kandy hat aber noch weit mehr zu bieten und steht damit erst am Anfang des modernen touristischen Prozesses. Das wahre Antlitz Sri Lankas erschließt sich nicht dem Besucher der Westküste, sondern erst dem Besucher des Berglandes von Kandy und der Savannenlandschaften des Nordens und Ostens (Sievers 1964, 255). Die landschaftliche Vielfalt und Schönheit laden den interessierten Touristen ein, der mehr von „Land und Leuten" erfahren möchte als dies am Strand möglich ist. Zunächst ist der künstliche Kandy-See mit seinen schönen Anlagen zu nennen, der vom letzten singhalesischen König 1806–1810, nur fünf Jahre vor der Eroberung Kandy's durch die Briten angelegt wurde, eingerahmt einst von königlichen Bergwaldungen, von denen das königliche Jagdreservat Udawatekelle als heutiges Naturschutzgebiet zugänglich ist und ein gutes Beispiel ursprünglichen montanen Regenwaldes bietet, nur leider gegenwärtig vernachlässigt ist. Die beidseitigen Hänge über dem See sind in britischer Zeit durch aussichtsreiche Straßen erschlossen und mit Villen bebaut worden, von denen in den letzten Jahren mehr und mehr – aber immer noch wenige – in Gästehäuser und Hotelpensionen umgewandelt worden sind. Von hier aus schweift der Blick über den See und die Stadt mit zumeist nur zweistöckigen Bauten hinweg auf die umliegenden Hügelketten und Bergkämme, einst gerodet zur Anlage von Kaffeeplantagen, später umgewandelt in Teeplantagen und heute weithin locker bebaut. Von ihren Höhen in rund 1000 m etwa von den teebestandenen Hantane- oder Knuckles- oder Hunasgiriya-Berghängen aus, zu denen Plantagenstraßen in kurzer Zeit hinaufführen (Hotel!), hat man weite Aussichten über das Bergland von Kandy, eine der zweifellos schönsten tropischen Berglandschaften der Erde. Dazu gehört die Fülle der kleinen Täler voll kunstvoll terrassierten leuchtendgrünen Reisfeldern, flankiert von schattenspendenden Fruchthainen voll Palmen und Bananenstauden, dazwischen die dörflichen Hütten und Häuser der dicht siedelnden bäuerlichen Bevölkerung („Kandy-Singhalesen") mit ihren alten Traditionen, zu denen die handwerkliche Kunst zählt und der stets abseits, einsam gelegene buddhistische Tempelbezirk (s.a. Bechert 1981).

Der moderne touristische *Erschließungsprozess* hat im Raum Kandy – Stadt und Umgebung – im ökonomischen Sinne wie überall mit der Entwicklung des internationalen Tourismus seit dem Ende der sechziger Jahre begonnen, aber zögernder, langsamer als an den West- und Südwestküstenabschnitten. Während die Zahl ausländischer Übernachtungen an West-, Südwest- und Ostküsten seit 1968 anteilmäßig ständig zugenommen hat, bis 1980 auf 27 % (Südwest-, Südküsten) bzw. 6 % (Ostküste), ist sie im Raum Kandy bei nur 7 % aller ceylonesischen Touristikregionen stehen geblieben. Das beruht auf der langsam zunehmenden Bettenkapazität. Auf die beiden nur unzulänglich modernisierten Althotels folgte zunächst ähnlich Mt. Lavinia am See eine Umfunktionierung mehrerer hoch und damit schön gelegener einst britischer Villen in Gästehäuser, ohne damit Kandy's Bettenkapazität wesentlich zu erhöhen. Zu den früher schon mehrfach als typisch für diese private Initiative bezeichneten Phasen wurde ihr Angebot verbessert und erweitert, zum Teil als Hotels. Der Bau neuer Hotels begann 1975 mit Kapazitäten von nur 40 bis maximal 200 Betten je Hotel im Laufe der Jahre. Trotzdem sind sie mit Ausnahme der zehn bis vierzehn Perahera-Tage im August aufgrund der Kurzaufenthalte nicht so ausgelastet wie bei den Wochenprogrammen an den Stränden. Im Jahresschnitt 1980 beträgt die Belegungsrate 55.1 %, die Mindestbelegung liegt bei 25.2 % im Juni, die Höchstbelegung in den Wintermonaten November bis März und August 62–76 % (s. Tab. 14). Diese stagnierende Entwicklung im Raum Kandy hat ihre tieferen Ursachen. Infrastrukturelle Maßnahmen, allen voran die Bereitstellung ausreichender moderner Beherbergungsbetriebe wie an den Stränden sind auffällig zögernd in Angriff genommen worden.

Dem Kenner der Insel fällt auf, daß der für Planung, Entwicklung und Statistik des Tourismus verantwortliche CTB das Bergland von Kandy nicht als eine der Touristikregionen aussondert, sondern nur die Stadt selbst zur weitgestreuten „Ancient Cities Region" rechnet, obwohl die Stadt erst im späten Mittelalter (15. Jh.) als singhalesische Königshauptstadt gegründet wurde. Mit dem Blick auf die zukünftige touristische Entwicklung aufgrund seines hohen Natur- und Kulturpotentials haben wir deshalb in unserer touristikräumlichen Gliederung das Bergland (und auch das Teehochland) als in Planung begriffene Region bezeichnet (Abb. 2). Befragungen ergaben, daß das Bergland mit Kandy als Kultur- und Touristikzentrum bei den Touristen *neben* den Stränden auf starkes Interesse stößt, jedoch in Gruppenreiseangeboten und bei den wöchentlich organisierten regionalen Urlaubsangeboten der großen Reiseveranstalter sich nicht (oder noch nicht?) findet. Dies ist einmal im Mangel an entsprechenden Hotelkapazitäten begründet (1981 nur rund 1400 Betten), zum anderen in einem amtlichen Zögern in der Touristikplanung und -entwicklung des Kandy-Raumes aus Gründen der Bewahrung bzw. des Schutzes alter singhalesischer buddhistischer Kulturtradition.

Angesichts der Forcierung touristischer Infrastrukturmaßnahmen an den Stränden im Laufe der siebziger Jahre fällt das Defizit, der Mangel an Planung in Stadt und Umgebung von Kandy auf – nicht nur, was die Hotelkapazität betrifft. Die bisherigen Kapazitäten westlichen Standards reichen in den stark besuchten Wintermonaten (Januar bis März) und erst recht während der zehntägigen Zahnprozession im August nicht aus, um allein die Wünsche und Interessen nach einer Rundreise mit Zwischenstation in Kandy zu befriedigen. Sie reichen für eine alternative Urlaubswoche an den inzwischen vielen Stränden schon gar nicht. Steht hier also eine touristische Entwicklung größeren Stils überhaupt erst bevor? An einer solchen Entwicklung scheiden sich die nationalen Geister. In den nächsten Jahren werden kaum mehr als 400 Hotelbetten durch Neubauten hinzukommen und damit den Bedarf längst nicht decken können. Das Verantwortungsbewußtsein gegenüber Tradition und Umwelt kennzeichnen nicht nur die Haltung der offiziellen Tourismuspolitik in Regierung und Tourismusbehörde, sondern noch viel mehr die Verantwortlichen in Kandy selbst, die befürchten, daß ein sichtbares Zuviel an Hotelbauten im Umfang von „Bettenburgen" in der durch den Zahntempel und weitere Tempel geprägten Stadt die den Singhalesen geheiligte Atmosphäre zerstören würde. Der Stolz auf eine uralte Kulturtradition gerät übrigens ebenso in Konflikt mit Bestrebungen, infrastrukturelle Verbesserungen im Umkreis der frühzeitlichen Königshauptstädte, Anuradhapura und Polonnaruwa und der Felsenburg Sigiriya durchzuführen, vor allem die Erweiterung von Hotelkapazitäten. Zwei traditions- und umweltbewußte Bestrebungen sind kennzeichnend für die Physiognomie dieser Touristikregionen: die Größenbegrenzung der Beherbergungsbetriebe und ihre in die tropische Landschaft eingebundene Architektur. Eine Einstellung, die übrigens weithin die Touristikvorstellungen im *indischen* Kulturkreis prägt, aber im übrigen Südasien nicht selbstverständlich ist (z.B. Thailand mit starken amerikanischen Einflüssen). Und so kann im Laufe der Jahre beobachtet werden, daß der touristikräumliche Entwicklungsprozeß Kandy's sich sehr aufgelockert vollzieht und dabei die aussichtsreichen Hügellagen bewußt einbezieht. Dazu zählt auch das inmitten einer großen Teeplantage 1000 m hoch gelegene und 20 km von Kandy entfernte Hunas Falls Hotel.

Kandy hat bisher nur touristischen Durchgangscharakter. Die Stadt ist nicht mehr als eine freilich sehr gefragte Übernachtungsstation auf Rundreisen mit einer durchschnittlichen Aufenthaltsdauer von ein bis (überwiegend) zwei Nächten. Ähnlich Colombo sind Kandy weit gestreute kleine Erholungsgebiete bzw. Ziele in reizvoller, aussichtsreicher Umgebung zugeordnet (Hantane, Hunas Falls, an der Mahaweli Ganga zwei Hotels, über dem See mehrere—vgl. Abb. 22). Die Hälfte der Bettenkapazität Kandy's bezieht sich allein auf diese Umgebung und weist damit auf ein Erholungspotential hin, das aus oben genannten Gründen bisher nicht genutzt wird. Ausländische Individualreisende bringen Kandy nicht jene Masse, die ökonomisches Gewicht bringen könnte. Deshalb werden bis heute auch die sehr großen vielfältigen Ausflugsmöglichkeiten vom Standort Kandy aus nicht wahrgenommen (s.S. 98), sondern auf den Botanischen Garten von Peradeniya beschränkt.

Die *ausländischen* Touristen kommen zum größten Teil in Gruppen entsprechend den Bus-Rundreise-Kapazitäten, wobei angesichts der großen Nachfrage die Beherbergungsbetriebe nicht ausreichen. Der Übernachtungsfunktion auf Rundreisen entspricht auch die bunte nationale Zusammensetzung. In den Hotels treten neben die Deutschen (35—50 % je nach Kontrakt mit Reiseveranstalter) die Franzosen (25—40 %), Italiener, Schweizer, Briten (je 20—30 %) usw. Restliche Tage und Zimmer werden an Individualreisende aus diesen Ländern, aber auch aus den USA und Japan vergeben. Bemerkenswert für die binnentouristische Bedeutung Kandy's ist eine wenn auch sehr begrenzte ceylonesische Nachfrage in den vom CTB anerkannten Beherbergungsbetrieben (1980: 4 % der Kandy-Übernachtungen).

Der Durchgangscharakter Kandy's läßt ähnlich der Metropole nicht solche *Saisona-*

*lität*sprobleme aufkommen wie an den Stränden. Das drückt sich in einer nur kurzen Außersaison während der Südwestmonsunmonate Mai/Juni aus. Kandy ist für Strandurlauber im Westen und Osten, also im Winter wie in den Sommerferien das beliebteste Tagesausflugs- und Rundreiseziel, wozu gelegentlich in den Wintermonaten Kreuzfahrtteilnehmer treten, für die eine Fahrt nach Kandy zu den Höhepunkten einer solchen Schiffsreise gehört.

Die *Zukunftsaussichten* für den Wirtschaftsfaktor Touristik sind bei Berücksichtigung der auf Seite 96 f. dargelegten Gründe für eine nur sehr begrenzte touristische Entwicklung des Kandy-Raumes schwer vorauszusagen. Unter den Gesichtspunkten von Nachfrage, d.h. touristischem Interesse, und regionalem Potential bietet sich der Raum als touristischer Standort von hoher Qualität für ein alternatives Wochenangebot zu den verschiedenen Stränden an und zwar nicht als Ersatz, sondern als weitere, z.B. zweite Erholungswoche für einen Sri Lanka-Aufenthalt. Damit könnte gleichzeitig die Aufnahmefähigkeit der nördlich gelegenen Ruinenregion etwas entlastet werden, denn Kandy liegt zentral genug, um als Ausgangspunkt für Tagestouren zu zwar nicht allen, aber einigen Ruinenstätten, z.B. Sigiriya, Dambulla, Aukana zu dienen. Zentral aber auch für Ausflüge in das Teehochland, ganz abgesehen von der Fülle möglicher Ausflüge in die nächste Umgebung (Dörfer, Tempel, Plantagen). Dafür bedarf es dann freilich einer weit größeren Bettenkapazität als bisher, aber auch der Planung weiterer touristischer Einrichtungen und ihrer Verbesserungen wie der Pflege der stark vernachlässigten Seeanlagen, einer besseren Erschließung des Naturschutzgebietes Udawattekelle (montaner Regenwald), Transport- und Restaurationsmöglichkeiten. So positiv der Wunsch nach Bewahrung kultureller Identität auch zu bewerten ist: ein maßvoller touristischer Prozeß dürfte sich kaum verhindern lassen.

3.6.2. Kolonialzeitliche Höhenluftkurorte im Teehochland: Das Beispiel Nuwara Eliya im Zeitalter des Ferntourismus

(dazu Abb. 23 und den Abschnitt über das Teeplantagen-Hochland bei Sievers 1964, 281ff.)

Das einzige bedeutende kolonialzeitliche Erholungs- und Ferienzentrum liegt im sogen. Teehochland in 1950 m Höhe: Nuwara Eliya, eine von den Briten in der ersten Hälfte des 19. Jahrhunderts geschaffene klimatische Höhenstation für die Europäer in Colombo und den Tieflandplantagen. Als Gouverneur Barnes im Jahre 1826 das kleine geschützte Hochlandbecken entdeckte, überragt von den dicht bewaldeten höchsten Bergkuppen Ceylons, hielt er es als „Höhensanatorium" zunächst für die britischen Truppen für besonders geeignet (s.a. de Silva 1978). Die Briten haben Nuwara Eliya den Charakter eines britischen Luftkurortes gegeben, den er immer noch bedingt trägt: Cottagestil überall, die einst englischen Gärten weithin zugunsten intensiven „europäischen" („exotic") Gemüseanbaues verschwunden, englische Parkanlagen (Victoria Park, Hill Club), anglikanische Kirche, Internatsschulen, Missionszentren, großer Golfplatz, künstlicher Gregory Lake mit Wegen und Straßen ringsum, Pferderennbahn. Nuwara Eliya entwickelte sich außerdem zum Treffpunkt der britischen Teepflanzer, zum Markzentrum für Kurort und umliegende Teeplantagen, zum Verwaltungssitz des Hochlanddistrikts Nuwara Eliya. Die Stadt hat heute rund 20 000 Einwohner (1980, geschätzt). Sie ist bzw. war also eine der in den exkolonialen Gebirgsregionen des südasiatischen Raumes häufiger anzutreffenden sogen. Hill Stations, die eigens für touristische Zwecke gegründet wurden, nämlich als höhenklimatische Luftkurorte für die kolonialeuropäischen Familien (s.a. Spencer und Thomas 1948, Withington 1961, Senftleben 1973 und Stang 1979).

Die gesunde erfrischende Lage in Verbindung mit der landschaftlich schönen Umgebung ergibt ein reiches natürliches *Potential:*

— die leichte Zugänglichkeit der höchsten Bergkuppe Sri Lankas, des Pidurutalagala (2 524 m)
— die aussichtsreichen Pfade an den Tee- und Gemüsehängen um das Hochbecken

Abb. 23:

Tourist. Infrastruktur von Nuwara Eliya

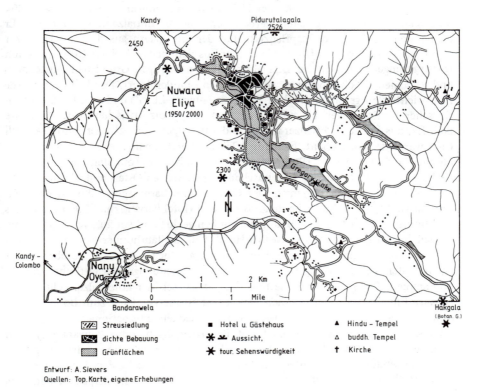

von Nuwara Eliya mit weiten Blicken über die Teeplantagenhänge zur markanten Gestalt des Adam's Peak (vom Hügel bei Shantipuram etwa: Straßenzugang, Aussichtspavillon)
— die Hochlandteeplantagenlandschaft als solche mit guter Infrastruktur
— der 10 km entfernte gepflegte Botanische Garten von Hakgala als gutes Beispiel tropischer Höhenvegetation, gleichzeitig ein einzigartiger Aussichtsbalkon auf das treppenartig tief unten liegende Uva-Becken
— die Wandermöglichkeiten auf den Horton Plains bis zum Steilabsturz World's End.

Das soziokulturelle Potential ist vergleichsweise nicht so reichhaltig, aber allein die Teeplantagen, Produktion und Verarbeitung, die tamilischen Teepflückerinnen und ihre Familien, der große bunte Sonntagsmarkt von Nuwara Eliya mit der Fülle „exotischer" Gemüse von den anmoorigen Beeten der Tamilen in den Plantagentälchen und von den großflächigen Gemüseanbauterrassen der jungen singhalesischen Hochlandsiedler bieten genügend Einblick in die Wirtschaftsstruktur des Hochlandes.

Der touristische *Erschließungsprozeß* des Hochlandes hat in der Erkenntnis der höhenklimatischen Vorzüge und zugleich als Zentrum der ab Ende des vorigen Jahrhunderts entstandenen hochgelegenen Teeplantagen entsprechend früh begonnen. Als erste Einrichtung sollte der 1876 gegründete Nuwara Eliya Club, seit 1894 umbenannt in Hill Club, genannt werden, dem eine Art Initialzündung zukommt. Er diente den Kaffee- und Teepflanzern und den Europäern aus dem Tiefland, vor allem aus Colombo. Das Klubgebäude war aus dem ersten kleinen Hotel Criterion hervorgegangen, 1891 in ein Bungalow auf dem heutigen Grundstück umgezogen und verschiedentlich umgebaut, vergrößert und modernisiert. Der Hill Club wurde zum wichtigsten gesellschaftlichen Zentrum Nuwara Eliya's und zum Förderer touristischer Einrichtungen bis auf den heutigen Tag, trotz kritischer Situationen wie dem Exodus britischer Pflanzer im Laufe der fünfziger und sechziger Jahre. Der Hill Club wandelte sein Gesicht. Er nahm 1967 zum erstenmal (!) einen Ceylonesen als Mitglied auf und öffnete 1968 seine Tore ausländischen Touristen auch zur Übernachtung außerhalb der den Clubmitgliedern reservierten Oster- und Weihnachtssaison. Aus dem großen Feriensitz des Gouverneurs Barnes ging, ähnlich dem Mt. Lavinia Hotel, 1892 das bis heute größte Grand Hotel hervor (rund 200 Betten), als traditionsreicher historischer Bau heute ähnlich geehrt und vor äußeren Modernisierungen bewahrt wie Kandy's Queen's Hotel. Um die Jahrhundertwende wurde außerdem das St. Andrews Hotel erbaut, offen auch für Ceylonesen. Darüber hinaus entwickelten sich frühzeitig Gästehäuser neben Ferienbungalows britischer Colombo-Familien. Die Hotel- bzw. Bettenkapazität hat seit der kolonialzeitlichen Blüte Nuwara Eliya's nicht zugenommen, im Gegenteil: im Vergleich zum Boom an den Stränden hat sie abgenommen, wenn die im Zeichen internationaler Touristikansprüche nicht mehr konkurrenzfähigen Beherbergungsbetriebe Nuwara Eliya's in Rechnung gestellt werden. Zur Zeit werden freilich begrenzte Anstrengungen in Richtung Modernisierung unternommen, die für eine kleine Zahl ausländischer Touristen reichen mögen, vor allem für Bergwanderer. Die Zimmerkapazität betrug in den klassifizierten Beherbergungsbetrieben 1968 152, das waren 16.8 % aller ceylonesischen Touristikregionen. 1980 war sie auf 259 zwar angewachsen, aber nur noch 4.3 %, also gegenüber den anderen Regionen erheblich zurückgefallen, weil die Auslandsnachfrage – noch? – gering ist. Nur 2.7 % aller ausländischen und 5.7 % aller inländischen klassifizierten Übernachtungen entfallen auf das Hochland und damit überwiegend auf Nuwara Eliya. Nur vier klassifizierte Hotels und Gästehäuser, außerdem der Hill Club mit rund 360 Betten zählte Nuwara Eliya 1980, zu denen allerdings einige weitere nichtklassifizierte, von Ausländern besuchte kleinere Gästehäuser hier und auf den Horton Plains kommen. An zweiter Stelle folgt Bandarawela mit zwei Hotels und 150 Betten, während das Zentrum Hatton international heute kaum noch zählt, aber auf der Pilgerroute zum Adam's Peak als Bahnstation Bedeutung hat.

Damit sind allerdings die wahren Verhältnisse nicht erfaßt. Die kolonialzeitliche britische Tradition, die aus Statusgründen und keineswegs aus klimatischen Bedürfnissen auch die ceylonesische Oberschicht einschloß, hat sich in der nachkolonialen Zeit unter ceylonesischem Vorzeichen fortgesetzt, wenn auch sehr abgeschwächt und zwar gleichermaßen qualitativ wie quantitativ. In der schönsten Jahreszeit, zur Zeit der Rhododendronblüte im April, d.h. in der Ostersaison (in buddhistischem Land!), aber wegen klimatischer Ungunst (Abkühlung, Frost) nicht in der Weihnachtssaison wie in britischen Zeiten, kommen weit über 20 000 Ceylonesen, meist aus Colombo, für rund vierzehn Tage nach Nuwara Eliya. Der August, während der Schulferien, gilt als „kleine Saison". Dieser *Binnentourismus*, ein echter Erholungstourismus, beansprucht aus Kostengründen (Dollarbasis) nur sehr begrenzt die oben genannten klassifizierten Beherbergungsbetriebe; man wohnt, falls nicht im eigenen Ferienhaus (einst britische Bungalows), so doch in Mehrbettzimmern umfunktionierter Gästehäuser, im städtischen Rasthaus, mietet einen privaten oder einen der bisher nur vom CTB am Nordufer des Gregory Lake gebauten kleinen Bungalows. Alle diese Beherbergungstypen sind in der Hochsaison stark überbelegt. Die zögernden Planungen und späten Initiativen für solche und mehr familiengerechte Ferienwohnungen und einen preiswerten Dormitory-Typ für Kurzaufenthalte weniger begüterter Touristen bzw. Busreisegruppen offenbaren wiederum die Priorität des internationalen devisenbringenden Tourismus.

Unter den *ausländischen* Touristen tritt derzeit ein Wandel vom früher alleinigen ein- bis zweitägigen Übernachtungstourismus (in Busgruppen und Mietwagen) zum mehrtägigen Erholungstourismus mit dem Ziel des Bergwanderns aufgrund dankenswerter Reiseveranstalter-Initiative ein, der vor allem vermehrt deutschsprachige Touristen ins Hochland bringt, während der Übernachtungstourismus all die Besucher umfaßt, die eine Inselrundreise machen. Dabei ist Bandarawela eher eine Ausweichstation für das vom Angebot her vielseitigere und attraktivere Nuwara Eliya.

Der ausgeprägte *Saisoncharakter* des Hochlandes, der oben schon betont wurde, schlägt sich in entsprechend unausgewogener Belegungsrate nieder. Für das Hochland gilt eine durchschnittliche Jahresrate von nur 34.2 % (1980), was zwar gegenüber den Anfangsjahren des internationalen Tourismus eine beachtliche Besserung bedeutet (22.1 % 1968, nur 13.3 % 1972–vgl. Tab. 14), aber innerhalb der touristisch wichtigen bzw. potentiellen Regionen die weitaus niedrigste ist. Die höchste Belegung liegt bei 49–53 % von November bis März, die niedrigste bei 15 % im Juni (1980). Das am besten ausgelastete Hotel hat etwas bessere Werte: maximal 55.6 % im Februar, minimal 12.7 % im Mai, im Jahresschnitt 35 % (1978).

Der internationale Tourismus steht im Hochland erst in seinen Anfängen. Das reiche Potential wartet darauf, dem guten kolonialzeitlichen Beginn folgend, besser genutzt zu werden. Die *Zukunftsperspektiven* sind weit positiver als in der amtlichen Planung zunächst bedacht, in der das Hochland als Touristikregion fehlt. Das touristische Interesse ist durch die inzwischen populär gewordenen Rundreisen, die ja allesamt durch das Hochland führen und dort auch zur Übernachtung zwingen, längst geweckt, ein längeres Verweilen ist der Wunsch von vielen. Das erstmals 1981 in Programmen von Reiseveranstaltern angebotene Bergwandern zeigt eine Alternative, die die häufig vertretene Ansicht widerlegt, der ausländische Tourist, vornehmlich der die Touristenszene beherrschende Westeuropäer, suche nur die sonnig-heißen Tropenstrände. Die Vielfalt einer Tropeninsel wie Sri Lanka wird von den meisten ausländischen Touristen erst vor Ort als lockend entdeckt. Setzt sich das Bergwandern im Rahmen kontrastreicher Auswahlangebote auf lange Sicht durch, dann lohnt ein weiterer Ausbau auch sogenannter Mittelklassenkapazitäten, vor allem auch eine Modernisierung bzw. Anpassung der bislang vernachlässigten touristischen Infrastruktur. Im Tourism Development Plan für Nuwara Eliya (Oktober 1977) wird auf solche infrastrukturellen Maßnahmen mit Nachdruck hingewiesen: über die normale Infrastruktur hinaus (Elektrizitäts- und Wasserversorgung, Kanalisation) wird die Umfunktionierung der Rennbahn in ein Gemüseanbaugebiet als „Umweltverbrechen" gebrandmarkt, der Gregory Lake müßte entschlammt und entwickelt werden („erste Priorität"), Wanderwege angelegt bzw. verbessert, die guten Angelmöglichkeiten genutzt und das Stadtbild sauberer und attraktiver gestaltet werden. Das Drängen auf Vier- bis Fünf-Sterne-Hotels mit entsprechenden Einrichtungen wie geheiztem Schwimmbad, Diskothek, Konferenzräumen zielt bei den Initiatoren des Nuwara Eliya-Tourismusplanes auf potentielle japanische und petrodollarschwere Mittelosttouristen. Das dürfte eine Fehlkalkulation sein, denn die Japaner, die zwar zunehmend in Gruppen nach Südasien reisen, streben aus Entfernungsgründen (K u r z reisen!) nach Süd o s t asien und die Mittelosttouristen sind an Hochlandattraktionen keinesfalls, sondern nur an reinen Vergnügungsaktivitäten in Großstadtatmosphäre interessiert und die kann und will Sri Lanka nicht bieten. Unter ökonomischem Aspekt kann eine systematische und doch begrenzte Entwicklung des internationalen Tourismus für das Hochland eine Diversifikation bedeuten, die allerdings nicht überbewertet werden sollte. Wenn irgendwo in Sri Lanka, so ist die Arbeitslosigkeit mit nur 10 % gegenüber dem nationalen Durchschnitt von 18 % hier am geringsten, könnte aber immerhin noch weiter gesenkt werden (s.a. Vorläufer 1981).

3.7. DIE ALTEN KULTURZENTREN DER TROCKENZONE ALS PILGER- UND STUDIENZIELE

(dazu Abb. 24 und 25)

Eine besondere Kategorie von Touristikregionen stellen in Südasien die teils sehr alten kunst- und kulturgeschichtlichen Pilger- und Studienziele dar; in Indien in subkontinentalen Dimensionen, in Thailand und Indonesien auch noch durch Weiträumigkeit gekennzeichnet, in Sri Lanka hingegen durch leichte Erreichbarkeit und Überschaubarkeit.

Es handelt sich um die Zone der antiken und mittelalterlichen Ruinenstätten mit ihren historischen, über Jahrhunderte dem natürlichen Verfall preisgegebenen Stauteichen (singh. wewa) und Kanälen als Grundlage frühen Reisbauerntums in der Blütezeit singhalesisch-buddhistischer Kultur (Geiger 1960, Sievers 1964, Boisselier 1979). Auf Abb. 2 ist sie als weitläufige „althistorische Ruinenregion" ausgegliedert worden, unterteilt in die beiden Ruinenzentren Anuradhapura mit Mihintale

Abb. 24:
Tourist. Infrastruktur der Ruinenregion Anuradhapura

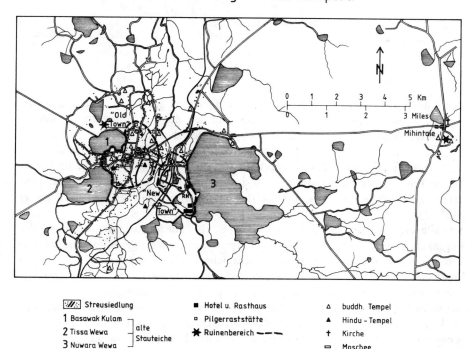

Entwurf: A. Sievers
Quellen: Top. Karte, eigene Erhebungen

Abb. 25:
Tourist. Infrastruktur der Ruinenregion Polonnaruwa

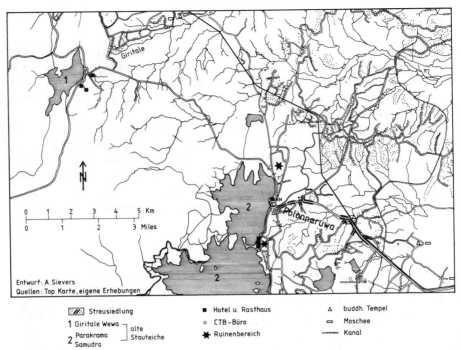

und Polonnaruwa mit der sehr viel älteren und entfernt gelegenen Felsenburganlage Sigiriya. Diese Ruinenregion erstreckt sich von den Zentren Anuradhapura bis Polonnaruwa über 105 km. Der CTB faßt sie unter dem Sammelbegriff „Ancient Cities" mit Kandy zusammen (s. Synopse S. 56), dem auch die Bezeichnung Cultural Triangle (Kulturdreieck) entspricht. Das alte Königreich Ruhunu im Süden, dessen Tempelruinen in Tissamaharama an der touristisch ebenso interessanten wie beliebten Rundreiseroute liegen, trägt eher punktuellen denn regionalen Charakter (Abb. 3).

Was alle diese Ruinenlandschaften reizvoll macht, vor allem in der ausklingenden Regenzeit in den Monaten Januar / Februar, wenn das sanft gewellte Land sattgrün und die vielen kleinen und großen Stauteiche randvoll von Wasser sind, ist der Charakter einer üppigen und blühenden Park- und Waldlandschaft, aus der hin und wieder weiß schimmernde buddhistische Tempeltürme herausragen.

Der touristische *Erschließungsprozeß* hat allmählich, in der zweiten Hälfte der siebziger Jahre in dem Maße begonnen, in dem modernen Ansprüchen westlicher Touristen genügende Hotelkapazitäten zögernd entstanden. Erst damit war es möglich, die Ruinenstätten über den Kreis der immer schon interessierten wenigen Individualreisenden hinaus Gruppenreisenden zu öffnen, die auf einer organisierten Inselrundreise sind oder auch nur die Ruinenstätten mit und ohne Kandy als einer kleinen, mehrtägigen Rundreise mehrere Tage besichtigen. Diese Besichtigungen haben eine alte Tradition. Sie gehen in die Kolonialzeit zurück. Als Stützpunkte dienten die jeweiligen kleinen Rasthäuser, die auch für die gegenwärtige Entwicklung die Basis lieferten. Angesichts uralter geheiligter Traditionen, inmitten traditioneller Pilgerziele der buddhistischen Welt Asiens ist hier in architektonischer Konzeption (z.B. am Giritale Wewa), in Streuung und Lage von modernen Beherbergungsbetrieben (Hotels, Feriendorf) behutsam vorgegangen worden. Wie im Raum Kandy fällt auch hier auf, daß touristische Innovationen zögernd, aus Verantwortungsbewußtsein und Pietät vor dem Erbe alter Kultur, durchgeführt werden. Tab. 13 zeigt die retardierende Entwicklung der Kapazitäten im Vergleich zu den Strandregionen. Einschließlich Kandy (CTB-Statistik) ist diese Region zwischen 1967 und 1980 kapazitätsmäßig nur um das Fünffache gewachsen, die Südwestküste jedoch um das Fünfzehnfache. Die Zahl der ausländischen Übernachtungen (1980) verweist die Ruinenregion auf den fünften Platz nach Colombo, den Südwest- und Weststküstenstränden und Kandy. Dabei hat Anuradhapura in den letzen Jahren gegenüber dem Raum Polonnaruwa-Giritale-Sigiriya, zu dem in der Statistik auch das Feriendorf Habarane zählt, aufgeholt. Unter Ausklammerung der Pilgerrasthäuser herrschte im Stichjahr 1980 eine recht ausgewogene Hotelbettenverteilung auf die verschiedenen regionalen Schwerpunkte:

— Anuradhapura 550 Betten in sieben Beherbergungsbetrieben,
— Habarane mit 520 Betten in einem Beherbergungsbetrieb (1982),
— Sigiriya mit 300 Betten in drei Beherbergungsbetrieben,
— Giritale-Polonnaruwa mit 430 Betten in sechs klassifizierten Beherbergungsbetrieben
= rund 1800 Betten in 17 Beherbergungsbetrieben.

Von diesen klassifizierten Beherbergungsbetrieben bestand das kleine Grand (!) Hotel inmitten der „Heiligen Zone" von Anuradhapura und nahe dem Tissa Wewa schon in der Kolonialzeit, ein umfunktionierter Bungalow des damaligen höchsten Verwaltungsbeamten der Provinz (Government Agent), 1966 im gleichen behaglich-schlichten Bungalowstil umbenannt in Tissa Wewa-Rasthaus. 1957 leitete ein neues Rasthaus, das mit wachsendem touristischem Bedarf vergrößert und einschließlich Swimmingpool modernisiert wurde, am Ufer des Nuwara Wewa, in der sogen. Neustadt im Vergleich zum heiligen Bezirk der Altstadt, die Phase touristischer Neubauten ein. Erst seit 1970 entwickelte sich eine aus jetzt nur vier Beherbergungsbetrieben bestehende bescheidene Hotelzone, jedoch ohne jede weitere Infrastruktureinrichtungen (Abb. 24).
Zwischen den beiden althistorischen Königsstädten Anuradhapura und Polonnaruwa liegt an einem wichtigen Straßenkreuzpunkt der Marktflecken Habarane, nämlich an der SW-NO gerichteten Straße A 6 von Colombo nach Trincomalee und der NW-SO gerichteten Straße A 13/11 von Anuradhapura über Polonnaruwa nach Batticaloa (Abb. 3). Hier entstand seit 1975 in mehreren Bauphasen der rund 520 Betten große Bungalowhotelkomplex Habarane Village Hotel eines großen Colom-

bo-Handels- und (inzwischen) Touristikunternehmens, das wegen seiner günstigen zentralen Verkehrslage zwischen den verschiedenen Ruinenstätten zum mehrtägigen Standquartier wie kein anderer Ort geworden ist. Die hohen Übernachtungszahlen der Teilregion Polonnaruwa-Sigiriya sind auf Habarane zurückzuführen, obwohl die Lage im Gegensatz zu den Stauteichanrainern nicht gerade reizvoll genannt werden kann.

Nach Nationalitäten sind die *Touristen* in diesem Raum nur grob zu schätzen, weil vor allem der starke, im Volumen aber unbekannte einheimische Besichtigungs- und Pilgertourismus mitgezählt werden muß. Er übertrifft die ausländischen Besichtigungstouristen zahlenmäßig bei weitem und besucht die Ruinenstätten überwiegend tagesausflugsweise, weil die Zahl preiswerter Übernachtungsmöglichkeiten (Pilgerrasthäuser) dem Bedarf nicht gerecht wird. So wird viel auf das Zelten ausgewichen. Unter den ausländischen Touristen, die auf ihren Rundreisen stets in Anuradhapura, Habarane, Giritale oder Polonnaruwa, neuerdings auch Sigiriya (Kleingruppen) zwei oder bis vier (Habarane) Nächte zubringen, überwiegen die Deutschen (50–60 %) gefolgt von den kunst- und kulturhistorisch immer sehr interessierten Franzosen und Italienern (25–30 %).

Die Ruinenregion kennt im Vergleich zu den Erholungsgebieten keine ausgesprochene *Saison*. Sie wird das Jahr über von Ceylonesen aller Schichten besucht, als mehrtägige Pilger- und Besichtigungsfahrt, im Gruppen bzw. Familien und vorzugsweise in Schulferienzeiten (August, April). Inländische Touristenübernachtungen in klassifizierten Beherbergungsbetrieben haben eine ausgesprochene Saisonspitze im Juni, in der touristischen Off-Season, Zeit des Poson Festes[23]. Ausländische Übernachtungen haben zwei Spitzen: im August zur Zeit der kleinen Ceylon-Saison und in den Monaten Dezember bis März zur Zeit der großen Wintersaison der Westeuropäer (Tab. 12). Das beweisen auch die Belegungsraten klassifizierter Beherbergungsbetriebe, die im Raum Anuradhapura in diesen beiden Saisonzeiten zwischen 60 und 70 % (1980) betragen, während sie sich in den Monaten Mai bis Juni zwischen 25 und 30 % bewegen. Im Raum Polonnaruwa-Sigiriya liegen sie, vor allem weil Habarane ein mehrtägiges Standquartier geworden ist, noch höher: zwischen 70 und 80 %. Das ist bemerkenswert, weil in den Monaten November und Dezember die Nordostmonsunregen ihr Maximum erreichen und gelegentlich schwere Überschwemmungen den Verkehr zum Erliegen bringen. Trotzdem: die mittlere tägliche Sonnenscheindauer beträgt dann immer noch 5 bis 6 Stunden (Tab. 9). Das vergrößerte (Habarane), besonders auch das verbesserte (Giritale) Angebot in der Ruinenregion hat die Nachfrage in den internationalen Saisonzeiten, aber auch im Jahresschnitt vergrößert und damit eine günstigere Belegungssituation geschaffen. 1977 lag die Jahresrate für Anuradhapura noch bei 28.8 %, 1980 schon bei 47.3 %; für den Raum Habarane-Polonnaruwa-Sigiriya lag sie 1977 erst bei 31.5 %, 1980 bereits bei 57.6 %.

Die *Zukunftsperspektiven* für die touristische Entwicklung der Ruinenregion sind auf zwei zunächst divergierende Ziele ausgerichtet: auf den Schutz der heiligen Stätten und die Bewahrung ihrer Identität einerseits und auf eine umfassende touristik-infrastrukturelle Entwicklung als Mittel zur sozioökonomischen Diversifikation des Binnenraumes andererseits. Denkmalschutz und Erhaltung der den Buddhisten geheiligten Atmosphäre ist allen Verantwortlichen ein ernstes Anliegen und bedeutet angesichts des blühenden Tourismus ein besonnenes Abwägen, Planen und In-Grenzen-Halten des zukünftigen regionalen Touristikprozesses. In Anuradhapura ist die alte „Stadt" als Ruinenstätte zur „Heiligen Stadt" erklärt worden, die unter Denkmalschutz steht und in der keine Neubauten, auch nicht irgendwelche touristischen Einrichtungen mit Ausnahme der seit langem bestehenden Pilgerrasthäuser, -hallen und des kolonialzeitlichen Tissa Wewa-Rasthauses. Es besteht hier auch Alkoholverbot. Fliegende Händler mit Getränken und Proviant sind zugelassen. Ähnliche Regelungen gelten für den ausgedehnten Ruinenbezirk von Polonnaruwa. Alle neuen Beherbergungsbetriebe liegen abseits, in kleinen Gruppen von zwei bis vier locker zusammengefaßt. Die vielen Stauteiche jener antiken hügelreichen Bewässerungslandschaften Nuwarakalawiya (= Anuradhapura) und Tamankaduwa (= Polonnaruwa) geben einen erholsamen Hintergrund auch für zukünftige moderne Beherbergungsbetriebe ab, ohne zu störender Konzentration zu führen. Denn die Besucherzahlen unter den ausländischen Touristen werden noch in den achtziger Jahren um 50—60 % anwachsen und damit auch für die vielen Besichtigungsreisenden entsprechend höhere Bettenkapazitäten in den saisonalen Spitzenzeiten erfordern. Darüber hinaus bedarf es zur Befriedigung touristischer Bedürfnisse, auch gerade der Ausflügler, moderner Tagesrestaurants usw., von Souvenirgeschäften, Bank- und Posteinrichtungen, die bisher überhaupt noch nicht vorhanden sind. Vor allem besteht aber ein großer Bedarf in allen Teilräumen an preiswerten Übernachtungs-, Gaststätten-, Picknick- und hygienischen Einrichtungen für die inländischen Pilger- und Besichtigungstouristen, denn die bisherigen zögernden Schritte in dieser Richtung reichen nicht aus. Diese und vor allem die für internationale Bedürfnisse entstehenden Einrichtungen bis hin zur verstärkten Nachfrage nach Souvenirs aller Art, verbunden freilich mit negativen Produktionsaspekten, entwickeln innovativ Arbeitsplätze, für die in dieser Region zwar ein großes Reservoir vorhanden ist, aber fachliche Qualifikationen auch bescheidenster Art erst noch erworben werden müssen.

3.8. NATIONALPARKS IM SPANNUNGSFELD VON ÖKOLOGISCHEM GLEICHGEWICHT UND TOURISMUS

Seit 1938 existiert ein Tier- und Pflanzenschutzgesetz (Fauna and Flora Protection Ordinance). Auf diese Zeit geht die Einteilung in zwei Kategorien von Schutzgebieten zurück:

1. Nationale Reservate, untergliedert in
   — Naturreservate (die nur für wissenschaftliche Zwecke zugänglich sind)
   — Nationalparks (öffentlich zugänglich gegen Gebühr)
   — Übergangszonen (beschränkte Jagd gegen Gebühr in der offenen Saison)

2. Naturschutzgebiete = „Sanctuaries" (öffentlich und frei zugänglich, Jagd- und Schießverbot).

Alle Schutzgebiete zusammen umfassen rund 6 300 qkm, knapp 9 % der Landfläche Sri Lankas. Verantwortlich zeichnet für diese gesetzlich geschützten Gebiete seit 1950 das Department of Wild Life Conservation.
Für die Öffentlichkeit sind die *Nationalparks* Ruhunu im Südosten, bekannter unter dem Namen Yala (1 259 qkm), Wilpattu im Nordwesten (1 908 qkm) und Gal Oya im Osten (542 qkm) am bedeutendsten und bekanntesten. Yala Park ist der älteste, Gal Oya der jüngste (1954 bzw. 1965).[33] 1980 ist als vierter Park Uda Walawe (305 qkm) im inneren Südosten geschaffen worden.
Die Nationalparks unterscheiden sich nach *Lage* und *Oberflächengestalt* bzw. Landschaftscharakter beträchtlich (Abb. 2 und 3). An einer der beliebtesten Rundreiserouten liegt Yala Park, nur wenige Kilometer abseits von der Strassenabzweigung bei Tissamaharama, zwischen Hochland und Südküste. Der jüngst kreierte Uda Walawe Park könnte in Zukunft eine Alternative werden. Wilpattu Park ist zwar von der ebenfalls viel befahrenen Rundreiseroute zwischen Negombo und Anuradhapura durch eine nur 10 km lange Stichstraße erreichbar, bisher aber stärkerem Verkehr noch nicht gewachsen. Gal Oya Park liegt weitaus ungünstiger: abseits aller gängigen Rundreiserouten und großen Ferienzentren, wenn man vom zahlenmäßig nicht ins Gewicht fallenden National Holiday Resort Passekudah Bay absieht. Deshalb ist Gal Oya Park nur für Einzelreisende bzw. mit Mietwagen erreichbar.
Landschaftlich unterscheiden sich diese Nationalparks zum einen durch die Länge der Trockenzeit in Wilpattu und Yala Park, rund 9 Monate bzw. 8 Monate in Uda Walawe Park, im Vergleich zur weit kürzeren Dauer von rund 5 Monaten im Gal Oya Park. Die Regenzeit dauert von Oktober bis Dezember/Januar bzw. (Gal Oya) Oktober bis April bei doppelter Jahresniederschlagsmenge. Das wirkt sich auch physiognomisch in unterschiedlichen Vegetationstypen aus: Dornbuschsavanne im Nordwesten und Südosten, tropischer Monsunwald im Osten. Zum anderen unterscheiden sich die Parks deutlich durch ihre Oberflächenformen. Yala Park ist reich an Abwechslung: er reicht von der Lagunenküste (dort die Parkbungalows) ins bizarre, inselbergreiche und parkähnliche Binnenland hinein. In der Trockenzeit zieht der frühhistorische Buttawa-Stauteich große Mengen Wild an. Wilpattu Park kann diese Reize nicht aufweisen, ist sandig-eben, aber dafür belebt durch viele kleine und größere natürliche Seen: „villu" — daher der Name Wilpattu. Uda Walawe Park erstreckt sich südlich vom Steilabfall des Gebirges um den großen neuen Stausee. Gal Oya Park erhält die stärksten landschaftlichen Reize durch den sehr großen buchtenreichen Stausee Senanayke Samudra („Meer") vor der schönen Gebirgskulisse des Ostabfalls.
Der Wildreichtum kann sich zwar nirgendwo in Fülle und Artenreichtum mit ost- und südafrikanischen Nationalparks messen, bietet dem Naturfreund aber doch viele

---

[33] Gal Oya Nationalpark unterstand zunächst dem Gal Oya Development Board, seit 1965 wie die älteren Nationalparks dem Department of Wild Life.

gute Beobachtungsmöglichkeiten: Elefanten vor allem in Yala, Uda Walawe und Gal Oya, Büffel und Rotwild überall, Bären in Wilpattu, Leoparden selten, dafür Wasservögel, Pfauen, Vögel überall in großen Mengen und Arten. Die beste Jahreszeit zur Wildbeobachtung sind die Monate Februar bis April, nach Einsetzen der Regenzeit, wenn insbesondere die Elefanten zu den sich wieder auffüllenden Wasserstellen zurückkehren. Die Sommer- und Herbstmonate sind durch zunehmende Trockenzeit gekennzeichnet.

1968/69 begann der CTB mit einer Studie über die *Bedeutung* der Nationalparks als Wildparks *für den Ferntourismus* das Augenmerk auf dieses als zweitwichtigste Attraktion empfundene Naturpotential zu lenken und infrastrukturelle Überlegungen anzustellen. Damit war aber auch der Konflikt mit dem Natur- und Wildschutzgedanken vorprogrammiert (s.a. Sievers 1982b). Die Besucherzahlen betrugen

```
1954   10 981, davon in Yala 10 205
1959   28 717, davon in Yala 27 673
1968   47 958, davon in Yala   ·
1976        ·   ,   in Yala 64 400
1980        ·   ,   in Yala 90 000, davon 55 – 60 000 Ceylonesen.[34]
```

An ihnen sind also überwiegend einzelreisende Ceylonesen beteiligt, ähnlich dem Botanischen Garten von Peradeniya. Ausländische, insbesondere westeuropäische Touristen besuchen in erster Linie Yala Park und werfen dort infrastrukturelle wie ökonomische Probleme auf. Wilpattu, Gal Oya und Uda Walawe sind davon – vorläufig – nicht berührt. Die amtlichen Bemühungen gehen seit vielen Jahrzehnten dahin, den Naturfreunden durch infrastrukturelle Verbesserungen die Wildparks zu erschließen: durch befahrbare Wege, Wildtränken, Camps, einfache Bungalows zum Selbstbewirtschaften, durch ein Büro mit angeschlossenem Museum, durch Aufteilung in Parkblöcke (Yala Park), die wechselweise für die Touristen geschlossen werden. Diesen Anstrengungen steht der organisierte internationale G r u p p e n tourismus gegenüber, der das Wild aus dem Gleichgewicht bringt.

Die Problematik soll am *Beispiel des Yala Park* konkretisiert werden. Er ist durch seine Lage in nächster Nachbarschaft der sogen. klassischen Rundreiseroute eine Touristenattraktion, eine Bereicherung der touristischen Angebotspalette geworden. Ihr steht als negative Folge eine Beunruhigung, ein Rückzug, also eine Gefährdung der selten gewordenen Tierwelt gegenüber. Gegründet wurde der Park zum Zweck des Schutzes, der Beobachtung und der Erforschung ihrer Lebensgewohnheiten und ökologischen Bedingungen. Dafür hatte das zuständige amtliche Department of Wild Life Conservation einige Bungalows errichtet, die als Stützpunkte dienen. Der Einbruch von Touristikunternehmen in den Yala Park von Tissamaharama aus hat das Department überrascht. In den letzten Jahren wurden 8 km außerhalb des Parks campartige Hotels in Meeresnähe als Übernachtungsstationen (200 Betten 1981) für

---

[34] Department of Wild Life. Seinem Direktor Mr. D. E. Alwis, sei an dieser Stelle für Diskussionsbereitschaft und viele Informationen gedankt.

die in der Hochsaison mehrmals wöchentlich organisierten Busrundreisen und für Sonderfahrten von den Südwest- und Südküstenhotels aus gebaut. Damit wurde eine regelrechte Touristikinvasion ermöglicht. Diesen saisonal konzentrierten Touristenscharen sind auch die Wegeverhältnisse, Jeeps, Kleinbusse und Wildhüter nicht gewachsen. Erst im Oktober 1981 hat das Wild Life Department hier eingegriffen und das Transportsystem unter Kontrolle genommen mit der freilich ineffizienten Auflage, dass der Park nur für echte Interessenten innerhalb einer Reisegruppe geöffnet sei. Der Yala Park darf nur noch als Option angeboten werden. Weitere Maßnahmen bestehen in der Rotation von Parkblöcken, die periodisch für das Publikum geschlossen werden und in der Parksperre während der größten Dürrezeit vom 1. August bis 18. Oktober, Wilpattu Park nur bis 1. September. Der Wilpattu Park ist solange nicht gefährdet, als die Zufahrt an der Busrundreiseroute Colombo-Negombo-Anuradhapura noch erschwert ist. Zwei Hotels mit zusammen 100 Betten unweit des Parks sind immerhin schon seit kurzem in Betrieb.

Neben diesen Wildparks könnten ohne Störung des ökologischen Gleichgewichts gewisse verkehrsgünstig gelegene Naturschutzgebiete für den Naturfreund — auch unter den ausländischen Touristen — durch einige begrenzte infrastrukturelle Maßnahmen erschlossen werden. Priorität gehört *Udawattekelle*, einem submontanen Regenwald (600—700 m ü.M.) an den Hängen oberhalb Kandy und Mahaweli Ganga, weil er besonders leicht erreichbar und dank seiner Stadtnähe zwar im Land als Ausflugsziel am bekanntesten, aber keine Touristen „Attraktion" bei den Ausländern ist. Alleiniger Grund: das alte Wegenetz ist seit Jahrzehnten vernachlässigt. Sein Ausbau, Hinweisschilder, ein Waldlehrpfad, Bänke, Rastplätze — zumal angesichts einiger schöner Gebirgsaussichten — würden für Kandy als Erholungszentrum eine weitere Bereicherung bedeuten.

Auf einer reizvollen Fahrt von den südlichen Stränden ins südlichste Teeplantagenbergland ist das Forstreservat *Sinharaja* zu erreichen (90—120 km). Auch dort könnte ein Waldlehrpfad dem in- und ausländischen Naturfreund ein typisches submontanes Regenwaldbeispiel auf einem Tagesausflug erschließen.

4. PERSPEKTIVEN:
SRI LANKAS TOURISTISCHE ENTWICKLUNG IM VERGLEICH ZU DEN ANDEREN SÜDASIATISCHEN ZIELGEBIETEN

In Bezug auf die Rangordnung tropischer Touristikregionen spielt Sri Lanka, wie S. 5 ff. in einem quantitativen Vergleich analysiert wurde, eine nur bescheidene Rolle. Im Anschluß an die regionalen Strukturanalysen sei in einem Überblick noch ein struktureller Vergleich mit den bedeutenderen südasiatischen Touristikregionen angestellt, der zum Ziel hat, die ceylonesische touristische Identität besser zu erfassen.

Der Blick ist zunächst auf *Indien* gerichtet, das immer schon häufig, nicht erst in Flugreisearrangements, Ceylon bzw. später Sri Lanka einschloß als Anhängsel einer Indienreise, als kunstgeschichtliche Ergänzung oder als Erholungsziel nach den Anstrengungen einer weiträumigen Studienreise. Indien verfügt über traditionsreiche, modernisierte und internationale städtische Touristikzentren, aber auch über Erholungsziele an seinen Küsten mit moderner Infrastruktur, allerdings im Vergleich zu den ceylonesischen Strandangeboten bescheiden-punktuell, wenn von dem Bombay-Vorort Juhu Beach abgesehen wird, der wie Pattaya für Thailand bzw. Bangkok der einzige infrastrukturell großangelegte Seebadeort Indiens für inländische wie internationale Touristen ist.

Das inländische touristische Verhalten weicht — den gesamten Pilgertourismus ausgeklammert — von dem in den westlichen Industrieländern ab. Das Verlangen nach Strand- und Badeerholung, nach Wandern ist unbekannt, stolzes Interesse an den Schätzen und Denkmälern der eigenen alten Kultur hingegen sehr lebendig und zieht Massen aller sozialen Schichten an (Ausflug, Wochenende), wobei zweifellos das Beispiel westlicher Bildungsreisender ansporrnt. Es kann vermutet werden, daß der erste, echte Impuls von den traditionsreichen Pilgerbesuchen in Tempelbezirken ausgegangen ist. In Indien ist eine begrenzte zahlungskräftige Oberschicht vorhanden, die den Binnentourismus als westlich geprägte Innovation positiv empfindet und in Form eines Kurzurlaubes daran teilnimmt, wenn auch nur aus Prestigegründen. Erholungsurlaub von mehrwöchiger Dauer ist wie überall in Asien, so auch in Indien keine Tradition.

Anders als die übrigen südasiatischen Zielgebiete hat Indien bisher nur ansatzweise internationale Touristen an seine Küsten gelockt. In erster Linie hat es sich auf eine Modernisierung und einen Ausbau von Hotels in seinen kulturgeschichtlich und wirtschaftlich bedeutendsten Städten konzentriert. Indien ist ein Land für den Bildungstourismus geblieben (Stang 1979), ohne Masssen-, ohne billigeren Chartertourismus, sondern für überwiegend kleine Gruppen und Individualreisende. An sein überreiches Potential soll hier nur erinnert werden. Angesichts der Landesdimensionen und im Vergleich zu den kleineren südasiatischen Zielgebieten mutet die Zahl ausländischer Besucher (viele davon als Geschäftsreisende, aber häufig genug mit sekundärer touristischer Motivation) trotz starken Ansteigens gering an:

1960 – 123 095
1970 – 280 821
1975 – 465 275
1979 – 764 781 } ohne Pakistan und Bangladesh
1980 – 800 150

Sie entstammen überwiegend Europa (40 % 1980), darin immer noch – wirtschaftlich bedingt – Großbritannien dominierend (13 %); die USA und die arabischen Länder (je 10 %), Frankreich und die Bundesrepublik folgen (je 7 %). Für die Franzosen gilt, was bei Sri Lanka mehrfach zu ihrem starken kulturgeschichtlichen Interesse gesagt wurde. Auffällig gering – bisher! – das japanische Interesse.

Tab. 17: Indien: Internationale Besucherankünfte [+]

Nationalität:	1976		1980	
Gesamtzahl	764 781		800 150	
davon:				
Großbritannien	101 193	(13.2 %)	102 483	(12,8 %)
U.S.A.	82 420	(10.8 %)	78 608	(9,8 %)
Sri Lanka[++]	61 263	(8.0 %)	68 402	(8,5 %)
Frankreich	53 129	(7.0 %)	58 682	(7,3 %)
B.R. Deutschland	51 084	(6.6 %)	54 736	(6,8 %)
Japan	29 954	(3.7 %)	30 575	(3,8 %)

[+] ohne Pakistan und Bangladesh
[++] überwiegend Tamilen

Quelle: Government of India, Min. of Tourism, New Delhi 1981: Tourist Arrivals in India – Highlights

Für die Dominanz des Geschäfts- und Bildungstourismus spricht die vergleichsweise *saisonale Ausgewogenheit*. 1980 als typisches Jahr kamen 56.5 % im Winterhalbjahr (Oktober bis März), darin eine deutliche Spitze im Dezember, und 43.5 % im Sommerhalbjahr, darin die typisch westliche Ferienzeitspitze Juli – August (überwiegend Bildungsreisende).

Trotz subkontinentalem Ausmaß gibt es hier für Erholungszwecke nur Touristik- p u n k t e, nicht einmal -orte, geschweige denn -regionen. Und nur wenige entsprechen westlichen Ansprüchen: Juhu Beach bei Bombay, Goa, Kovalam Beach bei Trivandrum, Srinagar in Kaschmir; Darjeeling und die Nilgiri-Höhenluftkurorte sind wie Nuwara Eliya koloniale Gründungen und seit der Unabhängigkeit auch binnentouristisch nur noch relativ wenig gefragt, weil das westliche Beispiel fehlt (G.W.S. Robinson 1972, Stang 1979).

Ein Beispiel: in *Kerala* als dem Sri Lanka nahen, in vielem ähnlichen und also konkurrierenden südindischen Zielgebiet wurde dem touristischen Potential, der Infrastruktur und Nachfrage vergleichsweise nachgegangen, denn es ist seit Mitte der siebziger Jahre in die internationalen Reisekataloge aufgenommen worden. Und zwar als alternatives wöchentliches Urlaubsangebot von Colombo aus oder als eine ein- bis dreitätige Erholungspause auf einer Südindienrundreise. Im Ansatz sind folgende Touristikgebiete vorhanden:

(1) Kovalam Beach an der Kovalam-Bucht, ca. 16 km südöstlich Trivandrum, das einzige, das mit anderen Zielgebieten Südasiens international konkurrieren kann;
(2) Der Raum Cochin-Ernakulam mit seinen „Backwaters" als potentielles Gebiet, in wenig zielstrebiger Entwicklung begriffen;
(3) Die Ferienanlage von Ponmudi im Hügelland der südlichen Westghats (Travancore Hills), als potentielle Klimastation und als Wochenendausflugsgebiet in Entwicklung begriffen, zum Teil fertig. Zielgruppe: vorrangig inländische Touristen;
(4) Das Wildreservat um den Periyar-Stausee als Ausflugsgebiet seit Jahrzehnten; der Stausee dient als Reservoir vor allem zur multiplen Versorgung des Madurai-Raumes: Attraktion für Fern- und Binnentourismus.

Vom P o t e n t i a l her gesehen gibt es ähnliche Möglichkeiten und touristische Attraktionen wie an der West- und Südwestküste Sri Lankas: Kokospalmenstrände, -buchten, malerische Felsküsten (Kovalam-Vizhinjam) im Süden Keralas; reizvolle ausgedehnte Lagunen für Bootsfahrten in der Mitte (Cochin-Kottayam). Das Landschaftsprofil Küste — Ebene — Gebirge bis rd. 2 500 m Höhe ist dem von Sri Lanka vergleichbar, aber die wirtschaftliche Inwertsetzung zeigt beträchtliche Disparitäten auf.

Die I n f r a s t r u k t u r Keralas hemmt bisher die touristische Entwicklung:
— seine geographische Lage ist von den touristisch interessanten Hauptzentren Indiens (auch von Madras!) weit entfernt, damit aber auch von den Herkunftsräumen der Binnentouristen:
— seine geographische Nähe zum Sri Lanka-Tourismus (eine Stunde Flug Colombo-Trivandrum) bedeutet auch eine Abhängigkeit von guten Flugverbindungen für den Chartertourismus, will man auf sichere Hotelbelegung nicht verzichten;
— unbefriedigende Straßenverbindungen, Verkehrsmittel, Raststätten, Ausflugsangebote erschweren im Gegensatz zu Sri Lankas Westküste die touristische Mobilität;
— als Beherbergungsbetrieb ist das Kovalam Beach Hotel als Komplex und in seinen landschaftlichen Reizen das einzige, das sich mit ähnlichen Anlagen Sri Lankas messen kann; auch als halbstaatlich finanzierte und kontrollierte „Resort Area".

Bemerkenswert ist im Vergleich, daß indische Touristen, vor allem auch Pilger, auf der Fahrt nach bzw. von den Kap Komorin-Tempeln hier Station machen, denn „Strände" mit touristischen Einrichtungen sind in Kerala eine faszinierende Innovation. Auch hier entwickelt sich wie in Hikkaduwa eine sozialräumliche Differenzierung von internationalen zahlungskräftigen Touristen zu indischen Touristen und internationalen jugendlichen Rucksack-Travellers (ähnlich in Goa).

Die übrigen oben aufgeführten bescheidenen Touristikorte können sich mit dem Kovalam-Beispiel infrastrukturell in keiner Weise messen und werden deshalb nur von wenigen internationalen Individualtouristen und indischen Geschäftsleuten besucht, aber nicht von großen internationalen Reiseveranstaltern unter Vertrag genommen. Eine staatliche und halbstaatliche Planung zur Entwicklung einer touristischen Infrastruktur ist trotz vielseitigem Potential praktisch nicht vorhanden, wenn auch theoretisch durch entsprechende Touristikämter in Ministerien und Entwicklungsdienststellen vertreten, die wenig effizient, weil nicht koordiniert arbeiten.

Aus den genannten Hemmnissen und Entwicklungsdefiziten ergibt sich folgendes Touristikbild:

— ein Chartertourismus, der über die Wintersaison hin die Hotelzimmerbelegung garantiert, fehlt ganz (Raum Cochin u.a.) bzw. ist nicht durch Regelmäßigkeit gekennzeichnet. Damit arbeiten die großen Beherbergungsbetriebe ineffizient;
— typisch sind kleine internationale Reisegruppen und Individualreisende, überwiegend Bildungsreisende, die einige Tage Erholungspause während einer Südindienrundreise einlegen;
— Franzosen, Deutsche, Schweizer, Österreicher überwiegen, Briten (bisher) selten in Gruppen, wohl aber als Einzelreisende. Wohlhabende Inder (Familien, Ehepaare) aus dem Norden in kleiner Zahl kommen für einige Tage, um eine solche Innovation kennen zu lernen.

Kerala bzw. Kovalam als einziges Ziel wird auf lange Sicht nur ein nicht zu häufig gewähltes alternatives Ziel vom Flughafen Colombo aus bleiben. Innerhalb einer typischen Indienreise, auch bei Spezialisierung auf Südindien, ist die verkehrsgeographische Abseitslage das größte Hindernis (vgl. dazu Karten bei Hottes 1977).

Das quantitativ bei weitem größte ferntouristische Zielgebiet Südasiens, vor allem für die Westeuropäer, ist *Thailand* aufgrund der Lagegunst von Bangkok (Flugdrehscheibe Südostasiens), seiner vielen Sehenswürdgikeiten, Liebenswürdigkeiten (!), seiner Nähe zu Pattaya als dem weitaus bedeutendsten Seebadeort mit moderner Infrastruktur und der infrastrukturellen Erschließung alter Kulturdenkmäler des Binnenlandes.

Die touristische Entwicklung ist durch folgende Zahlen gekennzeichnet:

1960 —   81 340 Besucher
1970 —   628 671
1975 — 1 180 075
1978 — 1 453 839
1980 — 1 858 801

(Quelle: T.O.T.-Statistik)

Thailands quantitative Bedeutung für den Ferntourismus ist über das letzte Jahrzehnt gleichbleibend etwa die zehnfache von Sri Lanka, ist aber kein so ausgesprochenes Ferienland wie die überschaubare kleine Insel (Sievers 1982 a). Landschaftliche Vielfalt erschließt sich mühsam im Vergleich zu Sri Lanka, wo angesichts der Flächenkleinheit auch die klimatischen Kontraste zwischen Semiaridität und monsunaläquatorialer Humidität mit zwei Niederschlagsmaxima und damit auch die Vegetationsunterschiede schnell erfahren werden können. Während sich in Sri Lanka die touristische Infrastruktur wenn auch punktuell, so doch über eine Vielzahl von Touristikregionen erstreckt, ist für Thailand eine für südasiatische Verhältnisse sehr starke Verdichtung auf nur zwei Räume charakteristisch: auf Bangkok, wo es ein ausgesprochenes Hotelviertel mit allen international üblichen touristischen Einrichtungen gibt, und auf die Bucht von Pattaya bis Bang Saen, 100—150 km südlich Bangkok gelegen. Alle übrigen zum Teil nur binnentouristisch, zum Teil auch international besuchten Seebadeorte und Stützpunkte bzw. Städte wie Chiang Mai im Binnenland sind weniger als Touristikregionen denn punktuell zu verstehen. Die moderne touristische Entwicklung in Thailand, vor allem in Bangkok und Pattaya, begann mit dem amerikanischen Engagement in Vietnam in den sechziger Jahren, als im benachbarten Bangkok moderne Großhotels, Vergnügungsstätten usw. für den amerikanischen Bedarf wie Pilze aus der Erde schossen, konzentriert in einem bestimmten ausgedehnten Viertel (Ausländerviertel im Süden), und als im 150 km nahen Fischerdorf Pattaya Sanatorien und Erholungsheime, Hotels, Ferienbungalows usw. ebenfalls für den amerikanischen Bedarf (Soldaten und Angehörige) entstanden, die den Anfang des heutigen, orientalisch-amerikanisch -mondänen Badeortes machten mit aller nur denkbaren touristischen Infrastruktur, aber auch Massierung. Die fernöstliche Betriebsamkeit der fliegenden Händler, Garküchen, Strandbelustigungen bringen unter anderem die vielen chinesischen Touristen und Wochenendbesucher aus Bangkok, Hongkong und Singapur mit sich, die neben den Thai-Wochenendbesuchern aus der Fünfmillionenstadt Bangkok und den Winterurlaubern aus Europa, Japan und Nordamerika Pattaya zu einem touristischen Ballungsraum machen. Als Händler und Handwerker sind thailändische Chinesen, aber auch thailändische Inder (Sikhs) am Touristengeschäft sehr stark beteiligt, Zeichen ihrer wirtschaftlichen Dynamik. Demgegenüber ist die tourisische Infrastruktur im ausgedehnten thailändischen Binnenland, auch in Chiang Mai, noch viel bescheidener entwickelt als in Sri Lanka, wenn man darunter mehr versteht als die beachtliche Zahl moderner Hotels, die weit gestreut in manchen Städten seit dem Vietnam-Krieg und zum größten Teil mit amerikanischen Mitteln gebaut wurden. Die großen Entfernungen sind für die touristische Erschließung bisher ein ernstes Hindernis, aber die Fülle großartiger buddhistischer Baudenkmäler und der eigenen Stilepochen im Norden stellen ein solches touristisches Potential dar, daß seit allerjüngster Zeit erfolgreiche Anstrengungen unternommen werden, das Binnenland unter Verbesserung der Infrastruktur punktuell touristisch aufzuschließen. Tab. 18: Thailand – Internationale Besucherankünfte (s. Seite 117).

Thailands Marktabhängigkeit ist im Vergleich zu Sri Lanka relativ ausgewogen, vor allem wenn in Rechnung gestellt wird, daß aufgrund seiner geographischen Lage neben den westeuropäischen, us-amerikanischen und – mit Zukunft – japanischen Märkten das starke Gewicht der Nachbarländer und Stadtstaaten wie Malaysia, Hongkong und Singapur mit relativ wohlhabenden Chinesen zählt. Das trifft auch für die Philippinen zu (s.S. 116). Die Besucher sind zu einem großen Teil und zwar entsprechend den Herkunftsländern Geschäfts- und „Vergnügungs"-reisende, die zu etwa 80 % Bangkok als bedeutendes südostasiatisches Geschäftszentrum ansteuern. Im Nebeneffekt sind sie touristisch interessiert und dann eher Besichtigungs- als Erholungstouristen. Was nicht ausschließt, daß der Chartertourismus große Mengen an echten Touristen ins Land bringt, die Besichtigung mit Erholung, räumlich von einander getrennt, verbinden, meist Bangkok mit Pattaya.

Der östliche Vorposten südasiatischer Zielgebiete sind die *Philippinen*. Sie bieten als vielgliedrige Inselwelt ein touristisches Potential, das sich in vieler Hinsicht mit Sri Lanka vergleichen läßt, es an landschaftlicher Großartigkeit sogar überbieten kann (Vulkanreichtum, althistorische steile Reisterrassen). An althistorischen Kulturdenkmälern mangelt es hingegen. Die großen Dimensionen und das Gebirgsrelief erschweren eine touristische Durchdringung etwa kombinierte Aufenthalte wie in Sri Lanka, Indien, Thailand mit Erholung an den Stränden und Besichtigungen auf Überlandreisen. Die Philippinen, vor allem Luzon, weisen eine Reihe punktueller Strandregionen auf, nicht nur in der Nähe Manilas, sondern auch im Norden und im muslimischen Süden, hier vor allem aus sozioökonomischen Beweggründen (Diversifikation). Sie weisen mit Baguio (1450 m hoch) außerdem eine intakt gebliebene, aus amerikanischer Zeit stammende klimatische Hill Station auf, die heute sogar verstärkt von der zahlungskräftigen Ober- und oberen Mittelschicht aus dem 250 km entfernten Manila in der Ostersaison und in den Sommerferien nach alter amerikanischer Tradition besucht wird und eine entsprechende touristische Infrastruktur weiter entwickelt hat.

Die Philippinen sind aber aus einem anderen Grunde keine konkurrierende Alternative zu Sri Lanka. Die geographische Lage weist ihnen völlig andere Märkte zu, wenn Sri Lanka um der saisonalen und wirtschaftlichen Ausgewogenheit willen auch gern um diese wirbt (s. Tab. 19 auf S. 118).

Außer – traditionell – den Amerikanern haben die Japaner die größte Bedeutung und stehen seit 1973 deutlich an erster Stelle. Es folgen mit Abstand auf die US-Amerikaner Chinesen aus Taiwan, aus Hongkong und Singapur, die Briten mehr von Hongkong und Singapur als von Europa, die Australier von der Zahl her weniger, aber seit der Entdeckung der benachbarten pazifischen Inselwelt als touristische

Tab. 18: *Thailand: Internationale Besucherankünfte*

Nationalität:	1965	1970	1978	1980
Gesamtzahl	225 025	628 671	1 453 839	1 858 801
davon:				
Malaysia	18 446 = 8,2 %	105 037 = 16,7 %	243 432 = 16,7 %	402 513 = 21,7 %
Japan	17 296 = 7,7 %	46 952 = 7,5 %	193 661 = 13,3 %	225 433 = 12,1 %
U.S.A.	78 297 = 34,8 %	159 216 = 25,3 %	131 449 = 9,0 %	115 348 = 6,2 %
Großbritannien	20 296 = 9,0 %	36 977 = 5,9 %	98 485 = 6,8 %	138 808 = 7,4 %
B.R. Deutschland	7 385 = 3,3 %	28 023 = 4,5 %	91 452 = 6,3 %	95 535 = 5,1 %
Australien	10 082 = 4,5 %	28 185 = 4,5 %	67 467 = 4,6 %	64 174 = 3,4 %
Frankreich	6 679 = 3,0 %	21 059 = 3,3 %	64 002 = 4,4 %	72 095 = 3,9 %
Singapur	–	11 586 = 1,8 %	51 423 = 3,5 %	67 595 = 3,6 %

Quelle: Tourist Organisation of Thailand, Statistical Section, Bangkok

Tab. 19: Philippinen: Internat. Besucherankünfte

Nationalität	1972	1975	1978	1980
Gesamtzahl	166 431	502 211	859 396	1 008 159
davon:				
Japaner	25 969 = 15,6 %	192 169 = 38,3 %	225 624 = 26,3 %	260 480 = 25,8 %
Nordamerikaner	62 583 = 37,6 %	63 521 = 12,6 %	121 521 = 14,1 %	196 909 = 19,5 %
Chinesen	2 965 = 1,8 %	25 506 = 5,8 %	68 200 = 7,9 %	69 151 = 6,9 %
Briten	11 061 = 6,6 %	30 427 = 6,1 %	84 458 = 9,8 %	84 621 = 8,4 %
Australier	12 891 = 7,7 %	31 837 = 6,3 %	50 124 = 5,8 %	68 502 = 6,8 %
Deutsche	3 834 = 2,3 %	8 960 = 1,8 %	19 393 = 2,3 %	32 548 = 3,2 %

Quelle: Min. of Tourism, Manila

Alternative zu traditionellen europäischen Reisezielen in ansteigenden Zahlen. Diese bedeuten für die Aufenthaltsdauer auf den Philippinen im Unterschied zu Sri Lanka eine ähnlich kurze Zeit wie in Thailand. Denn das Reiseverhalten der tonangebenden Ostasiaten ist auf Kurzreisen, auf (auch zweifelhaftes) Vergnügen, auf Geschäftsinteresse und weniger auf echte Erholung ausgerichtet, obwohl „Ferien" mit 70–80 % als beherrschendes Motiv angegeben werden. Amerikaner besuchen die Philippinen nicht in erster Linie zur Erholung (Hawaii als geographisch nähere Konkurrenz), wie die meisten Westeuropäer Sri Lanka besuchen, sondern als Geschäftsleute oder im Rahmen einer Süd- bzw. Südostasienreise, wo Thailand und Indien mit der Fülle ihrer Kulturdenkmäler absolute Priorität haben. Für die meisten westeuropäischen Touristen scheint mit Bangkok bzw. Thailand und einem Abstecher nach Hongkong die touristische Ostgrenze einer Südasienreise erreicht. Ihr Marktanteil betrug 1980 nur 11 % gegenüber 65 % bei Sri Lanka. Tab. 19 zeigt ähnlich Tab. 18 für Thailand, daß sich die Marktgewichte verschoben haben. Das seinerzeit durch Vietnam bedingte amerikanische Übergewicht wurde an die Japaner abgetreten.

Neben den bisher Sri Lanka gegenübergestellten südasiatischen großräumigen touristischen Zielgebieten spielen drei Inselgruppen bzw. Inseln eine zum Teil konkurrierende, eher jedoch alternative Rolle: die Malediven, Penang (West-Malaysia) und Bali (Indonesien).

Die *Malediven* sind zwar politisch selbständig, aber verkehrsmäßig an die Flughäfen Colombo und Trivandrum angebunden. Sie erweitern gewissermaßen die regional ceylonesische Angebotspalette um die Faszination einer noch weithin unberührten Atoll-Landschaft für Naturfreunde, insbesondere für Unterwassersportbegeisterte. Die Malediven sind in den letzten Jahren vor allem im Rahmen des Chartertourismus von Colombo aus durch westeuropäische, maßgeblich deutsche Touristikunternehmen erschlossen worden. Sie stellen überwiegend ein zusätzliches einwöchiges Angebot im Rahmen einer Ceylonreise, nicht so regelmäßig einer Indienreise dar. Schon allein die räumliche Begrenztheit der Atolle hält die infrastrukturellen Möglichkeiten in Schranken (Versorgungs-, Hotel-, Verkehrseinrichtungen). Die internationalen Besucherzahlen waren 1981 immerhin auf rund 60 000 angestiegen.

Auf eine wenn auch bescheidene kolonialzeitliche touristische Entwicklung kann die Insel *Penang*, die wichtigste und größte Touristikregion West-Malaysias mit 1980 über 200 000 Touristen neben der Höhenklimastation Cameron Highlands (1500 m) zurückblicken (Clement 1961, 117ff., Küchler 1968, 130f.). Im Zuge der ferntouristischen Expansion in Südasien ist diese alte Inseltradition ein alternatives Angebot geworden. Mit ihrem natürlichen Potential an landschaftlich attraktiver Abwechslung auf kleinstem Raum bietet Penang Strände und Gebirgsszenerie (900 m); ihr soziokulturelles Potential heißt dominierendes Chinesentum im Zentrum Georgetown mit seiner traditionellen Kultur und seinem Handelsgeist, muslimisches Malaientum in den ländlichen Reisbaugebieten. Dies Angebot wird gefördert durch gute Flugverbindungen (via Kuala Lumpur und Singapur) und ein im südasiatischen Vergleich hohes sozioökonomisches Niveau dank chinesischem Wirtschaftsgeist und jüngst stabilisierter malaysischer Regierungspolitik. Trotzdem: dies westmalaysische Zielgebiet kann zwar Badetouristen einen schönen Strand bieten (Batu Ferringhi), aber nicht gleichzeitig jenes reiche kulturgeschichtliche Potential, das Indien, Sri Lanka und Thailand auszeichnet. Neben dem begrenzten westeuropäischen und australischen Tourismusstrom spielen hier der kurzfristige chinesische Binnentourismus, mehr noch der chinesische intraregionale Tourismus (Singapur, Hongkong) eine ähnliche Rolle wie das thailändische Musterbeispiel Pattaya. Im übrigen hat sich die in britischer Zeit gegründete klimatische Höhenstation Cameron Highlands, als Teeplantagenzentrum Nuwara Eliya vergleichbar, touristisch kontinuierlich weiterentwickeln können dank kapitalkräftigem binnentouristischem Interesse, das die britischen Traditionen fortsetzt bzw. aufgegriffen hat. Auch hier spielen die Singapur-Chinesen als (überwiegend) Kurzurlauber eine bedeutende Rolle.

Innerhalb der weiten indonesischen Inselwelt nimmt *Bali* eine besondere Stellung ein (Dress 1979, Clement 1961, 213ff.). Sein reichhaltiges Potential erhält durch den eindrucksvollen Vulkanismus einerseits und die überkommene hinduistische Kultur insularer Prägung inmitten einer islamischen Umwelt anderseits ein einzigartiges, unverwechselbares Profil. Seine verkehrsgeographische Lage ist freilich ein Hemmnis ferntouristischer Entwicklung. Für die westeuropäischen Märkte ist der Zugang erschwert durch die besonders lange Flugdauer über Singapur und Djakarta, so daß sich der Einsatz von preisgünstigen Chartermaschinen verbietet, zumal auch alternative Zielgebiete fehlen. Aber auch für den wichtigen grossen nordamerikanischen Markt trifft dies Hemmnis zu. Größte Aufmerksamkeit gilt deshalb dem gerade gegenwärtig wachsenden japanischen Markt, wenn auch seine erst wenig entwickelten Urlaubsgewohnheiten Bali noch nicht den erhofften ökonomischen Gewinn bringen können. So ist verständlich, daß die Australier die Spitze halten, mit Abstand gefolgt von Nordamerikanern. 1980 betrug die Zahl internationaler Touristenankünfte auf Bali rund 145 000[35]. Bali wird auch in Zukunft zwar immer ein bevorzugtes Ziel von Kennern, aber nie von preisgünstigen massentouristischen Angeboten sein können und seine weitere touristische Prozessgestaltung eher in der qualitativen infrastrukturellen Verbesserung liegen. Die Konflikte, die sich in der Konfrontation alter Kulturtradition mit dem modernen Ferntourismus in Sri Lanka ergeben und dort gesehen werden (insbesondere Kandy, Ruinenregion) treffen auch für Bali zu.

Was Sri Lanka bzw. Colombo und Bali gemeinsam ist, ist der auch ökonomisch bedeutende Anteil an sogen. Tagesausflüglern, d.h. heutzutage an Kreuzfahrtteilnehmern[36]. Denn diese beiden Inseln erfreuen sich innerhalb der südasiatischen Schiffahrtsrouten einer grösstmöglichen Beliebtheit, die noch weit über Penang und Bombay liegt. Wegen ihres großen Reichtums an kulturgeschichtlichen Sehenswürdigkeiten ist der Aufenthalt in Colombo und Bali zumeist auf zwei Tage ausgedehnt.

---

[35] nach amtlicher indonesischer Statistik (freundliche Mitteilung von G. Dress).
[36] Vergleichbares Zahlenmaterial fehlt, für Sri Lanka siehe Abb. 5

Chancen und Hemmnisse

Im Vergleich zu anderen konkurrierenden südasiatischen Zielgebieten bietet Sri Lanka den großen Vorteil der landschaftlichen Vielfalt bei Kleinheit, damit Überschaubarkeit und leichterer Erreichbarkeit. Sri Lanka ist das einzige Land Südasiens, das als echte „Urlaubs-" bzw. Ferieninsel bezeichnet werden kann. Die Räume, die sich als Touristikregion abgrenzen lassen, sind im südasiatischen Vergleich von gewisser Flächengröße, haben aber keine von Touristik geprägte Physiognomie. Damit sind der ökonomischen Bedeutung sehr enge Grenzen gezogen. Für den westeuropäischen Touristen liegt aber der besondere Gewinn in der Erholungsmöglichkeit in unverfälschter Natur. Die häufigen wiederholten Besuche der Insel bei immer neuen regionalen kulturellen Eindrücken beweisen es.

Die beachtliche *touristische Entwicklung* Sri Lankas von 23.666 ausländischen Touristen 1967 bis zu rund 400.000 1981 und der damit einhergehende innovative infrastrukturelle Prozeß werden von den Verantwortlichen in Politik, Tourismus, Behörden, regionalen Ämtern, von den Touristikunternehmen und der Bevölkerung keineswegs nur optimistisch, sondern auch kritisch verfolgt und ihre Grenzen realpolitisch gesehen. Das Empfinden zunehmender Abhängigkeit von ausländischen Investoren, Großunternehmen der Touristikbranche und Touristenmärkten wirkt auf Touristikplanungen durchaus bremsend. In Sri Lanka wachsen Hotels nicht wie Pilze aus der Erde — übrigens auch nicht an der ebenso schönen Südküste Indiens. Die Touristikorte und -regionen sind zwar relativ raumwirksame, aber nur kleine Fremdkörper. Das trifft auch für touristische Zielgebiete in anderen Teilen Südasiens zu. Einseitigkeit und sozioökonomische Abhängigkeit werden vermieden durch eine Politik, die — vor allem auch nach den Erfahrungen mit dem einseitigen Teeexport (in früheren Jahrzehnten um 60 %) — auf Diversifikation zielt, wobei jüngst die in Nähe der Touristikregion von Negombo abgesteckte Freihandelszone (1978) vielleicht eine bedeutendere Rolle spielen wird als der internationale Tourismus mit seinen Konfliktbereichen[37]. Die *infrastrukturelle Begrenzung*, die Sri Lanka sich auferlegen will, zielt auf 500 000 internationale Touristen und die werden, wenn die Entwicklung der allerletzten Jahre nicht trügt, bereits v o r 1984 erwartet. Abb. 4 vermittelt einen Eindruck, wie sehr das schnelle Wachstum der letzten Jahre alle Prognosen überstieg[38]. Der starken quantitativen Entwicklung des internationalen Tourismus in nur rund 15 Jahren steht also inzwischen die politische Tendenz einer bewußten Begrenzung aus verschiedenen Gründen gegenüber:

---

[37] Die Free Trade Zone, wie die 1978 ins Leben gerufene (zollfreie) Industriezone genannt wird, steht unter der Aufsicht der Greater Economic Commission. Sie hatte in den ersten zwei Jahren rund sechzig ausländische Projekte genehmigt (Investitionswert rund 100 Mio. US-$).

[38] S. dazu Gunaratne (1967), Report on . . . . . Prospects (1968), Abstract . . . . Tourism Plan (1978).

— aus Sorge um die angestammte Kultur und die Bewahrung alter Traditionen, die dem Einbruch eines westlich-industriell orientierten Touristenverhaltens nicht geopfert werden sollen (vgl. Beispiele Kandy, Ruinenregion);
— aus Gründen des Risikofaktors Tourismus, d.h. der Abhängigkeit vom internationalen Markt (67 % Westeuropäer, allein 23 % Deutsche) einerseits und von politischen Krisen andererseits. Krisenempfindlichkeit steht als Negativum dem Streben nach wirtschaftlicher Diversifikation als Positivum gegenüber.

Der *Saisoncharakter* des ceylonesischen Tourismus und zwar in seiner grundsätzlich auf Seite 41ff. und in den regionalen Auswirkungen auf Seite 56ff. dargelegten doppelten Bedeutung gehört zu jenen Problemen des Tropentourismus, die ihn trotz ganzjährig günstigen Temperaturverhältnissen („ewiger Sommer") keineswegs das Jahr hindurch ökonomisch so ausgewogen erscheinen lassen, wie man zunächst meinen möchte. Deshalb einerseits die intensiven Bemühungen um südhemisphärische Märkte, die aber vor allem aus Gründen mangelnder Bevölkerungsdichte (Australien, Neuseeland, Südafrika) keinen größeren Erfolg haben können. Und andererseits die Sorge um die touristische Zukunft der entfernten Süd- und Ostküstenstrände, wo mit einer nennenswerten Verdichtung vorhandener Standorte oder gar einer weiteren Diffusion nicht zu rechnen ist. Einheimische Touristen könnten gerade in den landesüblichen Ferienzeiten die nicht ausgelasteten Beherbergungsbetriebe füllen.

Aber dem steht ein weiteres grundsätzliches Hemmnis entgegen, der *Mangel an ökonomisch relevantem Binnentourismus*. Er verweist die Touristik angesichts eines reichen Potentials einseitig auf die Abhängigkeit vom Ferntourismus. Das ist nicht unbedingt ein südasiatisches oder gar tropisches Phänomen, wie die bedeutende Teilnahme von inländischen Touristen in Mexiko beweist oder ihre relative Einbeziehung in den modernen Tourismus aus bereits kolonialzeitlicher Tradition heraus in Indien, Indonesien, Malaysia und den Philippinen. Zwar sind Urlaubstraditionen überall in den Tropen eine statusbedingte Hinterlassenschaft der Kolonialzeit und damit quantitativ begrenzt auf die schmale Oberschicht und — teilweise — auf die obere Mittelschicht; aber sie setzen sich z.T. in den altbekannten Hill Stations fort (z.B. Baguio-Philippinen, Himalaya- und Nilgiriorte in Indien), z.T. sind dieses als veraltet aufgegeben zugunsten der älteren und neuen Seebadeorte bzw. Strandhotels, also auch statusbedingt. Trotzdem: zahlenmäßig bleibt auch hier der Binnentourismus in recht engen Grenzen. In Sri Lanka wären die gleichen Voraussetzungen gegeben (Status, kolonialzeitliches Erbe), aber der hohe, auf dem US-Dollar basierende Umrechnungskurs macht es der durchaus interessierten schmalen Oberschicht unmöglich — von wenigen Ausnahmen abgesehen — die modernen Touristikeinrichtungen ihres Landes zu nutzen. Wenn die finanziellen Voraussetzungen geschaffen werden, ist hier ein durchaus beachtliches binnentouristisches Potential vorhanden, das vor allem in die ferntouristisch flauen Monate zu Außersaisonpreisen einsteigen kann, wie es bisher zögernd und in äußerst bescheidenem Umfange geschieht.

Die Begrenzungspolitik des internationalen Tourismus sollte ebensowenig ein Hemmnis für den touristischen Entwicklungprozeß bedeuten wie traditionelles Urlaubsverhalten in Richtung Pilgerfahrten oder westliches Statusdenken im nationalen Tourismus. Der Prozeß sollte vielmehr auf eine sehr komplexe Konsolidierung und den Ausbau der Binnenstruktur in den praktisch innerhalb eines Jahrzehnts erschlossenen Touristikregionen gerichtet sein. Dabei wird der internationale Tourismus und zwar der Ferntourismus allen Risiken zum Trotz aus ökonomischen Gründen seine absolute Priorität behalten. An Prozesse wie in anderen südasiatischen Zielgebieten wird in Sri Lanka jedoch nicht gedacht, z.B. an physiognomische und gesellschaftliche „Amerikanisierungs" erscheinungen, sondern an jene Weiterentwicklung auf dem Wege der Anpassung touristischer Einrichtungen und Verhaltensweisen, die soweit wie möglich die Identität eines so alten und noch dazu so gastlichen Kulturvolkes und seines Lebensraumes respektiert.

ZUSAMMENFASSUNG

1. Der *Ferntourismus* spielt quantitativ eine bescheidene Rolle, vor allem *nach den Tropen*. Der Weltanteil der Tropen am internationalen Tourismus beträgt schätzungsweise nur 10 bis 14 %. Trotzdem ist er sozioökonomisch und in seinen Auswirkungen auf die natürliche und soziokulturelle Umwelt von zunehmender Relevanz in vielen Entwicklungsländern geworden. Eine regionale Analyse ergibt große quantitative und qualitative Unterschiede des touristischen Entwicklungsprozesses. Die lateinamerikanischen Tropen (nordamerikanischer Markt) führen immer noch vor den südasiatischen Tropen (westeuropäischer Markt), die kürzlich sehr aufgeholt haben.

2. *Sri Lanka* hat *als Touristenziel* zwar einen guten Klang („Trauminsel"), im internationalen Rahmen quantitativ aber kein großes Gewicht. Mittelfristig steckt in Sri Lanka ein viel größeres touristisches Potential einschließlich der touristischen Infrastruktur, als der bisherige internationale Vergleich lehrt.
2.1. Die Anfänge des Tourismus in Sri Lanka gehen auf die britische Kolonialzeit zurück (Mt. Lavinia, Kandy, Hikkaduwa, klimatische Höhenstationen: Nuwara Eliya, Bandarawela). Der moderne Ferntourismus setzt als Individual- und (neu) Gruppentourismus mit dem Jetzeitalter und kostengünstigen Chartermaschinen zögernd in den sechziger Jahren, stark wachsend in den siebziger Jahren ein. Sri Lankas internationaler Tourismus hat sich von 1970 bis 1980 versiebenfacht und stößt in Kürze an die politisch gesetzte obere Grenze von 500 000 Touristen. Sri Lanka hat sich einseitig zu einem Reiseziel von Westeuropäern entwickelt (67 % 1980), unter denen die Deutschen dominieren (23 % aller internationalen Touristen).
Sri Lanka kann eine große Vielfalt an natürlichem, ökonomischem und soziokulturellem *Potential* bieten. Unter letzterem wird vor allem der Reichtum an religiösen, handwerklichen und kulturgeschichtlichen Traditionen verstanden. Leichte Erreichbarkeit landschaftlicher Kontraste ist ein weiterer Gunstfaktor. Touristische *Infrastruktur*: das geographische Verbreitungsmuster des Tourismus ist wie in allen Entwicklungsländern durch Isoliertheit (Ghettocharakter) und Punktualität (mangelnde infrastrukturelle Dichte) charakterisiert. Unter den dem internationalen Tourismus zur Verfügung stehenden, meist neuen Beherbergungsbetrieben schälen sich drei Typen als charakteristisch heraus: Großhotels internationaler Ketten (nur wenige), Hotels privater Initiative (Familien-, Handelsfirmenbesitz; mittlere Größen), Gästehäuser als (Frühstücks-) Pensionen (meist umgewandelte Familienbungalows kleiner bis mittlerer Größe). Die bescheidensten unter ihnen werden von der statistisch schwer faßbaren Zahl Rucksacktouristen aufgesucht.
Der ceylonesische Tourismus steht als *Devisenbringer* (6,5 %) an vierter Stelle

aller Deviseneinnahmen. Als direkter und indirekter *Arbeitgeber* (nur 1 %) ist er nur relativ bedeutsam. Er hat keinerlei Schlüsselstellung, sondern ist *ein* Faktor der Diversifikation mit vielfältigen Multiplikatoreffekten.

2.2. Hygrische Jahreszeiten verleihen Sri Lankas Tourismus wie allen Tropenräumen einen *Saisoncharakter*. Sie beeinflussen den Touristenstrom, den Verkehrsstrom und seine Kapazität bzw. Auslastung die Bettenauslastung in den Beherberungsbetrieben, Beschäftigte in der Touristik. Die „Winter" monate sind Hochsaison an der Westküste, Juli/August an der Ostküste, während das Innere etwas ausgeglichener erscheint. Zu einer „doppelten Saisonalität" kommt es durch die Abhängigkeit von den Urlaubstraditionen der Märkte (z.B. in den romanischen Ländern Europas, in Nordamerika, Japan: August als Hauptreisemonat auch bei Tropenzielen).

2.3. Der *Innovationscharakter des Ferntourismus* zeigt sich

1. gegenüber dem kolonial- und postkolonialzeitlichen Tourismus im einseitig auf Westeuropa bezogenen Markt,
2. im hohen Anteil an Chartertouristen (35 % 1980),
3. in einer an westlichem Anspruchsdenken orientierten Hotelindustrie,
4. im räumlichen und sozialen Ghettocharakter der Touristikzonen,
5. in der Schaffung von Touristikberufen, vor allem von Hotelbeschäftigten,
6. zögernd auf dem Verkehrssektor.

2.4. Dem *Inlandstourismus* wird im Vergleich zum Ferntourismus nur wenig konkrete Beachtung geschenkt (Devisenfaktor). Weniger ökonomisch als soziokulturell spielt der Pilgertourismus mit allerdings viel zu wenigen entsprechenden touristischen Einrichtungen die beherrschende Rolle. Die bedeutendsten Pilgerorte von vier Weltregionen sind über die ganze Insel gestreut und zu bestimmten Zeiten des Jahres das Ziel ungezählter Pilgerscharen. Die größten religiösen Pilgerziele sind Sri Pada (Adam's Peak) für alle Religionen, Kataragama für Buddhisten, Hindu und sogar Moslem, Kandy's Zahntempel für Buddhisten. Auch die althistorischen Ruinenstätten von Anuradhapura, Polonnaruwa u.a. werden in Pilgertradition besucht.

3. Als Schwerpunkt der Studie werden die *regionalen Strukturen und Prozesse* des ceylonesischen Tourismus analysiert. Dabei wird die CTB-Gliederung aus geographischen Gründen abgewandelt. Die Touristikregionen werden unter folgenden Aspekten dargestellt: geographische Lagebeziehungen, Potential, Erschließungsprozeß, touristische Infrastruktur, Touristen, Saisonalität und Zukunftsperspektiven. Sie lassen sich stichwortartig folgendermaßen kennzeichnen:

3.1. *Großraum Colombo*:

3.1.1. *Colombo-Stadt* hat als Metropole, Hafenstadt und durch ihre Nähe zum internationalen Flughafen einen Durchgangscharakter, auch als echter touristischer Umschlagplatz zwischen den Strandregionen nördlich und südlich Colombo und als Ausgangspunkt mehrtägiger Besichtigungsfahrten. Colombo kennt keine touristisch geprägte, geschlossene Hotelzone. Potential und Infrastruktur sind vergleichsweise begrenzt. 1980 standen 3500 klassifizierte Betten bei guter Auslastung (71 %) zur Verfügung. Damit hält die Metropole die Spitze.

3.1.2. *Die stadtnahen Strände* Mt. Lavinia im Süden (bereits in der Kolonialzeit ein beliebtes Wochenendziel) und Hendala im Norden (nur ein isolierter Hotelkomplex seit 1971) haben lagebedingt eine zweifache touristische Funktion: Erholungs- verbunden mit Geschäftstourismus, damit auch eine Entlastungsfunktion für Colombo. 1980 standen in Mt. Lavinia rund 1000 Betten, in Hendala weitere 300 zur Verfügung. Die Belegungsrate für letztere zeigt Colombos relative Ausgeglichenheit, für Mt. Lavinia den für die Strände typischen Wintersaisoncharakter.

3.2. *Die Strandregion an der Westküste um Negombo* ist eines der zwei größten Ferienzentren Sri Lankas, was räumliche Dimension und Touristenzahlen betrifft. Die einzige Fischerstadt ergibt das wichtigste touristische Potential, ihre Nähe zum Flughafen und zu Colombo bedeutet zugleich Verkehrsgunst. 1980 standen rund 1300 Betten bei einer noch befriedigenden jährlichen Belegungsrate von 66 % zur Verfügung. Die geschlossene, wenn auch locker bebaute Hotelzone weist einen sozialräumlichen Ghettocharakter auf.

3.3. *Die Strandregionen an der Südwestküste* halten quantitativ und qualitativ die Spitze unter Sri Lankas Ferienzonen. Ihr Erschließungsprozeß zeigt seit 1969 eine beeindruckende Entwicklung aus dem Nichts heraus. 1980 standen rund 3500 Betten bei einer Auslastung von allerdings nur 48 % mit ausgeprägten saisonalen Spitzen (bis 90 % im Winter) und Tiefs (20–30 % im Frühsommer: Südwestmonsunregen) zur Verfügung. Diese Region zwischen Kalutara und Galle veranschaulicht am besten den Innovationscharakter des modernen Tourismus in Sri Lanka. Maßgebend für den Erfolg infrastruktureller Anstrengungen, deren Anfang die Errichtung eines National Holiday Resort war (Bentota), ist das vielfältige, vor allem natürliche Potential („Tropenparadies").

3.4. *Die Strandregion an der Südküste* östlich Galle kennt nur eine kleine Verdichtungszone (Koggala), ist das jüngste Touristikgebiet Sri Lankas (seit 1976) und ein gutes Beispiel für den Diffusionsprozeß entlang der Küste südlich Colombo, aber auch für die Grenzen solcher touristischer Wachstumsspitzen. Gründe: das Potential der Südwestküste, aber ein hemmender Faktor die relativ weite Entfernung nach Colombo bzw. zum Flughafen angesichts schlechter und überfüllter Straßen (110 bis 150 km). Funktionen: 1. Übernachtungsstation zwischen dem Hochland auf der südlichen Rundreiseroute nach Colombo bzw. zu den Westküstenstränden, 2. Alternativangebot (Entlastungsfunktion) für den Badetourismus der Südwestküste. 1982 standen bereits rund 950 Betten bei einer Höchstbelegung von 74 % (Januar/Februar 1980) und einer frühsommerlichen Außersaison mit nur 10 bis 20 % zur Verfügung.

3.5. *Die Strandregionen an der Ostküste*, nämlich der *Raum Trincomalee* (5.1.) und die *Passekudah-Bucht* von Kalkudah, ein weiterer „Geheimtip" (5.2.), haben zwar die schönsten, d.h. weißen und sauberen Strände Sri Lankas, stellen aber auch für die Zukunft nur quantitativ bescheidene, sehr punktuelle touristische Ansätze dar. Hemmnisse: Entfernung von den Dichtezentren der Westküste, Mangel an nahen Ausflugszielen. Vorzüge: Unberührtheit, Einsamkeit und Sonnenreichtum, allerdings verbunden mit langer Dürrezeit und relativer landschaftlicher Monotonie. Entscheidend ist der saisonal bedingte Alternativcharakter: die kurze Hochsaison liegt im sonnenreichen, trockenen Sommer, in der Hauptferienzeit westlicher Touristen. 1980 standen im Raum Trincomalee rund 550 Betten, an der Passekudah-Bucht 300 bei einer Auslastung von inzwischen 47 % (70 bis 86 % im Juli/August) zur Verfügung. Die Ostküste steht seit Jahren an nur sechster Stelle der Übernachtungen.

3.6. Als *Erholungsräume im Gebirge* müssen ihren Funktionen entsprechend unterschieden werden:

3.6.1. *Das Bergland von Kandy* als Pilgerziel mit Priorität (Zahntempel als eines der größten buddhistischen Heiligtümer Asiens), als Besichtigungsstation (Gebirgslage am See, Zahntempel, Botanischer Garten), als Durchgangsstation auf Rundreisen, seltener bisher als Erholungsziel. Das touristische Potential Kandys zieht also gleichermaßen In- und Ausländer an: Kandy hat aber noch weit mehr zu bieten und steht damit erst am Anfang des modernen touristischen Prozesses. Denn das wahre Antlitz Sri Lankas erschließt sich erst dem Besucher des Berglandes von Kandy und der Savannenlandschaften der Mitte und des Ostens. Der moderne touristische Erschließungsprozeß hat hier zögernder, langsamer als an den West- und Südwestküstenabschnitten begonnen. Der Hauptgrund ist in der Befürchtung zu suchen, daß ein sichtbares Zuviel an Hotelbauten in der durch den Zahntempel und weitere Tempel geprägten Stadt die den Singhalesen geheiligte Atmosphäre zerstören würde: der Konflikt zwischen dem Stolz auf eine uralte Kulturtradition und den Bestrebungen, touristikinfrastrukturelle Verbesserungen, vor allem die Erweiterung von Hotelkapazitäten durchzuführen. 1981 standen nur rund 1400 Betten mit einer Auslastung von nur 55 % (während der saisonalen Spitzen im Winter und August auch nicht mehr als bis zu 76 %) zur Verfügung. Nur während einiger Tage zur Zeit der großen Prozessionen im August ist Kandy überfüllt. Der Raum bietet sich als touristischer Standort von hoher Qualität für ein alternatives Wochenangebot zu den verschiedenen Stränden an, zum Beispiel als zweite Erholungswoche. Ein maßvoller touristischer Prozeß wird sich aus ökonomischen Gründen kaum verhindern lassen.

3.6.2. *Kolonialzeitliche Höhenluftkurorte im Teehochland: Das Beispiel Nuwara Eliya im Zeitalter des Ferntourismus* ist eine von den Briten in der ersten Hälfte des 19. Jahrhunderts für die Europäer im Tiefland geschaffene klimatische Höhenstation, die in den letzten Jahrzehnten unter der Vernachlässigung ihrer touristischen Einrichtungen sehr gelitten hat, aber im Rahmen der durch das Hochland führenden Rundreisen eine Übernachtungsfunktion gewonnen hat. Außerdem ist sie neuerdings Standquartier für von der internationalen Touristik angeregte Bergwanderungen angesichts eines reichen Naturpotentials geworden. 1980 standen nur 360 Betten in klassifizierten Beherbergungsbetrieben bei einer Auslastungsrate von nur 34 % (während der Wintersaison 49–58 %) zur Verfügung, was beweist, daß die Einbeziehung des Teehochlandes in den Ferntourismus erst am Anfang steht.

3.7. Die alten Kulturzentren der Trockenzone als Pilger- und Studienziele stellen als „*althistorische Ruinenregion*" (Anuradhapura, Polonnaruwa, Sigiriya) eine besondere touristische Kategorie dar. Vor allem für die vielen, zahlenmäßig nicht erfaßten buddhistischen Singhalesen sind sie ein erstrangiges religiöses und nationales Pilgerziel geworden, für die ausländischen Touristen gehören sie zu den kultur- und kunstgeschichtlichen Sehenswürdigkeiten, die zumeist auf einer Inselrundreise besucht werden. Der touristische Erschließungsprozeß zeigte zunächst aus gleichen Gründen wie im Raume Kandy (Schutz der heiligen Stätten) eine retardierende Entwicklung der Bettenkapazitäten für ausländische Touristen im Vergleich zu den Strandregionen und noch viel mehr für inländische Touristen (Pilgerrasthäuser). 1980 standen rund 1800 klassifizierte Hotelbetten in diesem Raum zur Verfügung, deren befriedigende Auslastung keine ausgesprochen saisonalen Spitzen wie an den Stränden zeigt. Bis auf das einzige kleine kolonialzeitliche Hotel innerhalb der „Heiligen Zone" ist eine bescheidene Hotelzone an den Ufern des neuen Stauteiches am Rande der Neustadt entstanden. Die touristikinfrastrukturelle Entwicklung steht noch in den Anfängen.

3.8. *Nationalparks im Spannungsfeld von ökologischem Gleichgewicht und Tourismus* sind jüngst ins Blickfeld der öffentlichen Diskussion geraten und haben im bisher populärsten, besterschlossenen Yala Wildpark (trockener Südosten) zu Schutzmaßnahmen geführt. Nicht der Einzeltourist, sondern Busrundreisegruppen sind es, die Störungen des ökologischen Gleichgewichts verursachen. Zwei Drittel aller Besucher sind Ceylonesen (Familien, Kleingruppen). Weitere tropenbotanisch sehenswerte Naturschutzgebiete, deren begrenzte touristische Erschließung sich anbietet: Udawattekelle (Kandy), Sinharaja.

4. Abschließend werden andere südasiatische Zielgebiete mit Sri Lankas touristischer Entwicklung *verglichen*. Skizziert werden Indien mit Keralas Küste, Thailand, die Philippinen, die Malediven, die Inseln Penang (West-Malaysia) und Bali (Indonesien) als konkurrierende, alternative internationale Touristenziele, denen gegenüber Sri Lanka sich behaupten muß. Sein großer Vorteil liegt in der landschaftlichen Vielfalt auf kleinem Raum. Sri Lanka ist das einzige Land Südasiens, das als echte „Urlaubs" insel bezeichnet werden kann, ohne physiognomisch von Touristik geprägt zu sein. Damit sind aber auch der ökonomischen Bedeutung sehr enge Grenzen gezogen. Die Bewahrung der alten Traditionen und der Umwelt und die Furcht vor zunehmender Abhängigkeit von ausländischen Investoren, Großunternehmen der Touristikbranche und Touristenmärkten wirkt auf Touristikplanungen bremsend und führt zur infrastrukturellen Begrenzung. Als weiteres Hemmnis wird der Saisoncharakter des ceylonesischen Tourismus angesehen (Auslastung), während der Mangel an ökonomisch relevantem Binnentourismus zwar gesehen wird, aber aus Gründen der Priorität eines devisenträchtigen internationalen Tourismus nicht behoben wird.

SUMMARY

(1) In terms of quantity, interregional (intercontinental) tourism, especially to the Tropics, plays a modest role. The tropical countries' share in international tourism is estimated at merely 10 to 14 %. Nevertheless, socio-economically and in its effects on natural and socio-cultural environment, it has become increasingly relevant to many developing countries. A regional analysis results in considerable differences of the touristic process of development, both as regards quantity and quality. The Latin American Tropics (North American market) continue in ranking first, followed closely by the South Asian Tropics (West European market) which have recently gained ground.

(2) *Sri Lanka* as a *tourist destination* is well reputed ("paradise island"), but within the framework of international tourism it is — as regards quantity — of minor importance. However, Sri Lanka is offering a by far greater tourist potential and infrastructure for the nearby future than present international comparison can show.

(2.1) Tourism in Sri Lanka began in British colonial days (Mt. Lavinia, Kandy, Hikkaduwa, climatic hill stations like Nuwara Eliya and Bandarawela). As individual tourism and, a novelty, as group tourism, modern far-distance tourism started developing rather slowly in the Sixties, along with the jet era, and encouraged by economic charter flights. It increased rapidly in the course of the Seventies, sevenfolded within the decade and this with emphasis on the latter halfth. Within short, Sri Lankan tourism will reach the politically set upper mark of 500 000 tourists. The country developed into an exclusively West European tourist destination (67 % in 1980), with Germans dominating the market (23 % of all international tourists). Sri Lanka's natural, economic and socio-cultural potentials are of great variety, including rich traditions such as religion, handicraft and cultural heritage. Another favorable factor is added by easy access to scenic contrasts.

Touristic *infrastructure* is characterized by isolation (ghetto) and punctuality (lacking infrastructural density) as this is the case in all developing countries. Three types of mostly new accomodation categories are available for international tourists: large-size hotels of international chains (only a few), hotels of private initiative (family and commercial property of medium size), guesthouses serving breakfast or even full board (mostly transformed family bungalows of small to medium size). The more modest of them are frequented by "shoestring" travellers who are, statistically, hard to make out.

Sri Lankan tourism is a *foreign exchange earner* (6,5 % in 1980). It is ranking fourth among all exports. It is of only relative importance as a direct and indirect *employer* (1 %). It has no key position, but is o n e factor of diversification including manyfold multiplicative effects.

(2.2) As in all tropical regions, the rainfall regime lends to Sri Lankan tourism a *seasonal character*. It is influencing the tourist flows, traffic flow and capacity respectively, rate per month, and occupancy rate of accomodation industry, and employment in tourist industry. The major seasons along the west coast are the so-called "winter" months, and along the east coast the months of July and August. The interior ruin region proves somewhat more balanced. "Double seasonality" is caused by the dependence on holiday traditions of the generating regions, e.g. of the European romanic countries, of North America, of Japan, where August is the major travel month even to tropical destinations.

(2.3) The *innovative character of international tourism* is evident (1) in the dependence on West European markets when compared to colonial and post-colonial tourism, (2) in a high percentage of charter tourists (35 % in 1980), (3) in a hotel industry with orientation towards western standards of conveniences, (4) in space and social ghetto aspects of tourist regions, (5) in the creation of touristic occupations, with emphasis on hotel employees, (6) in the traffic sector, however hesitatingly.

(2.4) *Domestic tourism* is neglected for priority reasons of the foreign exchange earnings in international tourism. Pilgrim tourism is in Sri Lanka, as in the life cycle of all Asian countries, the dominant type, as regards more on sociocultural than economic aspects. With respect to pilgrim numbers, however, there is a considerable shortage in tourist establishments and other infrastructure. The most important pilgrim places of four world religions are scattered all over the island and are at certain periods of the year the destination of unnumbered pilgrim streams. Sri Pada (Adam's Peak) for all religions, Kataragama for buddhists, hindu and even muslims, the Kandyan Temple of the Tooth for buddhists belong to the greatest religious places. The ancient ruins of Anuradhapura, Polonnaruwa and other places represent another well frequented pilgrim tradition.

(3) The *regional structures and processes* of Sri Lanka are, for geographical reasons, described and analysed as the major part of the study. The CTB regions are somewhat altered. The touristic regions are dealt with under the following aspects: geographical location, potentials, process of development, tourist infrastructure, tourist nationalities, seasonality and future perspectives. In short, they might be characterized as follows:

(3.1) *Greater Colombo Region:*

(3.1.1) The *City of Colombo* has as a metropolis, harbour, and nearby international airport and as tourist overnight stop between the beaches north and south of Colombo and as starting point for tours of several days' duration a transit character. Colombo has no well limited hotel area. Touristic potentials and infrastructure are limited compared to other tourist regions. Some 1750 graded rooms with an occupancy rate of 71 % were available in 1980. Although this occupancy rate ranks top in Sri Lanka, infrastructural improvements are badly needed.

(3.1.2) The *close-by Beaches of Mt. Lavinia* in the South (in colonial times already known as a favorite weekend destination) and *Hendala* in the north (nothing more but an isolated hotel area since 1971) have for locational reasons a twofold touristic function: recreation combined with business act as a relief function to metropolitan Colombo. Mt. Lavinia had some 500 rooms in 1980, and Hendala additional 150 with a well balanced occupancy rate like Colombo while Mt. Lavinias rate is typical for the winter season beaches.

(3.2) The *Negombo West Coast Beach Region* is one of the two major holiday centres of Sri Lanka with regard to space and tourist numbers. As the only fisher town Negombo offers the most important potentials and is in addition thereto favoured by the nearby airport. The Negombo area had roughly 650 graded rooms at a quasi satisfactory annual occupancy rate of 66 % in 1980. The compact, although lightly built up hotel area belongs to the sociogeographical ghetto type.

(3.3) *The Southwest Coast Beaches* are the cream of all Sri Lankan holiday regions, both as regards tourist numbers and quality. Their touristic development process from scratch in 1969 is most impressive. The southwest coast region had roughly 1750 graded rooms at an annual occupancy rate of 48 % only in 1980, but with marked seasonal peaks (up to 90 % in winter) and lows (20 to 30 % in early summer: southwest monsoonal rains). Innovative modern tourism is evident at its best between Kalutara und Galle. The variety of potentials, specially the natural ones ("tropical paradise", "pearl of the east" of colonial days) was paramount for the success of infrastructural efforts. The National Holiday Resort of Bentota was the beginning.

(3.4) *The South Coast Beach Region* east of Galle has only one small area of concentration (Koggala). It is the youngest tourist region of Sri Lanka (beginning in 1976) and a good example for the process of diffusion along the coast south of Colombo and for the limitation of touristic growth. Reasons: The regional scenic potentials can very well be compared with those of the southwest coast (e.g. a secret tip since colonial days: Weligama Bay); on the other hand, the relatively long distance to Colombo and to the airport (110 to 150 km) respectively considering poor, congested roads is a handicap. Functional types: (1) overnight stop for upcountry via the southern round tour to Colombo and to the west coast beaches respectively, (2) alternative offer (relief function) to southwest coast tourism. In 1982 the region offered not less than nearly 500 rooms at a maximum occupancy rate of 74 % (for January/February 1980) and at a minimum rate of 10 to 20 during the early summer off-season.

(3.5) The *East Coast Beach Regions*, i.e. *Trincomalee area* (5.1) and Passekudah Bay of Kalkudah, another secret tip (5.2), are favoured by the best, i.e. the whitest and cleanest beaches of Sri Lanka. However, for the future, they represent not more than touristic trends, still modest as regards tourist numbers and density. The long distance to the southwest centres of population concentration (eight hours journey on poor roads) as well as a lack of nearby sightseeing places are the greatest handicaps for further touristic and infrastructural development. Group tourism only is promising some ecconomic stability and profit. The region is favored by untouched loneliness and abundant sunshine, although disadvantaged by considerable drought and scenic monotony. The seasonal alternative to the western tourist regions is of notable relevance: the sunny, dry summer months mark the short peak season, major holiday period of western tourists. Trincomalee area offered nearly 300 rooms in 1980, Passekudah Bay 150 at an occupancy rate of even 47 % (70 to 86 % in July/August). For years, the east coast is now ranking sixth in terms of tourist nights.

(3.6) *Resort Areas in the Hill Region* should be differentiated functionally as follows:

(3.6.1) The *Kandyan Hills* are a pilgrim destination in the first place (Temple of the Tooth as one of the biggest Asian buddhist sacred places), then a sightseeing place (lake and hill scenery, Tooth Temple, Royal Botanic Garden), a transit place while touring the island, less — so far — a recreational resort place. Kandyan tourist potentials attract domestic and international tourists, however paramount the domestic pilgrim motivation might be. The international tourist industry ranks first among economic aspects. Otherwise Kandy is offering by far more tourist attractions. She is at present only at the beginning of modern tourist development. Sri Lankan true identity is evident right here and in the savanna regions. Modern touristic process began in Kandy somewhat hesitatingly and slowly compared to the west and southwest coast regions. Reason for this trend is the fear of destructive forces caused by the increasing international tourist industry in view of the sacred atmosphere: a conflict between the pride of ancient cultural values and the efforts to achieve tourist-infrastructural improvements, especially as regards the increase of hotel capacities. The region had some 700 rooms only in 1981 at an occupancy rate of 55 % only (even during peak seasons in winter months and in August just up to 76 %). Kandy is overcrowded for merely a few grand procession days in August. This region of utmost potentials could well attract international visitors insofar as it offers them an alternative to the various beaches (second holiday week). No matter how great the respect for maintaining cultural identity might be, for economic reasons a certain touristic development cannot be prevented.

(3.6.2) *Colonial Hill Stations in the Tea Highlands: In the Age of Intercontinental Tourism the example of Nuwara Eliya* is a climatic hill station which was founded by the British in the first halfth of 19th century for low country Europeans. The tourist infrastructure having been very much neglected during the last decades, Nuwara Eliya nevertheless gained an overnight stop function for round tours. Moreover sponsored by international tourist organizations and due to her rich scenic potential, Nuwara Eliya has recently become a mountaineering headquarter. Under economic aspects a limited touristic development could well mark another way of diversification. The place had not more than 180 graded rooms in 1980 at an occupancy rate of 34 % only (during the winter season 49 to 53 %), which is evidence enough for the mere start of international tourism in the tea highlands. A very modest, by far too small number of rooms is furthermore available in guesthouses, holiday homes, resthouses and CTB bungalows on rent for domestic tourists mainly, all of which are overcrowded during the Easter season, a colonial tradition, but occupied at an unsatisfactory rate for the rest of the year.

(3.7) The ancient cultural centres of the Dry Zone represent a special touristic category as pilgrim and sightseeing destinations, called here *"Ancient Ruin Region"* (Anuradhapura, Polonnaruwa, Sigiriya). At first, they have become prime religious and national pilgrim destinations for the statistically not registered mass of buddhist Sinhalese; in the second place they are for foreign tourists. They are monuments of high cultural and art values which are included in most sightseeing tours. The touristic process was first somewhat similar to that of Kandy for protecting the sacred places: a retarding development of graded room capacities for foreign visitors in contrast to the beach regions and an even greater neglect of accomodation for domestic tourists (pilgrim resthouses, dormitories). The region had roughly 900 graded rooms in 1980 at a satisfactory, well balanced occupancy rate. With the exception of the only small colonial hotel within the sacred old town, a modest hotel area has developed on the banks of Nuwara Wewa (tank) on the outskirts of the new town. In view of the increasing foreign tourist demand, the infrastructural process is yet in its infant stage.

(3.8) *National Parks conflicting between Ecological Balance and Tourism* recently received public attention resulting in protective measures for the up to now most popular and best developed Yala (Wildlife) Park in the dry southeast. Disturbances are caused by bus groups, not by individuals. Two thirds of all visitors are Sri Lankans (families, small groups). Other sanctuaries of tropicobotanic value which might be opened up for limited touristic development: Udawattekelle (Kandy), Sinharaja Forest.

(4) Summing up, *other South Asian Tourist Destinations are compared* with Sri Lanka tourist development. India including the Kerala coast, Thailand, the Philippines, the Maldives, the islands of Penang (West-Malaysia) and Bali (Indonesia) are briefly presented as rivalling, alternative international tourist destinations among which Sri Lanka has to stand its ground. She is well advantaged by her scenic variety on small space. Sri Lanka is the only country of South Asia that earns the attribute of a genuine "holiday island", but without touristic physiognomy. This means, otherwise, a strict limitation of tourist-economic relevance. Protection of old traditions and of environment and the fear of increasing dependence from foreign investors, big travel enterprises and tourist markets has a braking effect on touristic planning and brings about infrastructural limitation. The seasonality of Sri Lankan tourism resulting in a lack of full use is referred to as another handicap. The lack of economically relevant domestic tourism is being realized, but neglected for priority reasons of international tourism, the foreign exchange earner.

SCHRIFTTUM

Achilles, Fritz W.: Der internationale Flugverkehr der Bundesrepublik Deutschland. In: Geograph. Rundsch. 1977, 10, 326–335.
Bechert, Heinz: Buddhismus und Landschaft in Ceylon. In: Schweinfurth, U. u.a., Forschungen auf Ceylon II, 183–192. Wiesbaden 1981. = Geogr. Zeitschr., Beihefte: Erdk. Wissen, H. 54.
Bhardwaj, Surinder Mohan: Hindu Places of Pilgrimage in India. Berkeley/L. Angeles/London 1973.
Blume, Helmut: Westindien als Fremdenverkehrsgebiet. In: Die Erde, 1963, 48–72.
Boisselier, Jean: Ceylon / Sri Lanka. München, Genf, Paris 1979. = Archaeologia Mundi.
Bronger, Dirk: Der wirtschaftende Mensch in den Entwicklungsländern. Innovationsbereitschaft als Problem der Entwicklungsländerforschung, Entwicklungsplanung u. Entwicklungspolitik. In: Geograph. Rundsch. 1975, 11, 449–459.
Bundesmin. f. wirtsch. Zusammenarbeit / BMZ (Hgb.): Urlaub in der Dritten Welt. Bonn 1973. = Entwicklungspolitik, Materialien Nr. 40.
Callegari, Reto Viktor: Package tourism in Bangkok area, Thailand. Diss. Phil. Fak. Univ. Zürich. Zürich 1976.
Cazes, G. u.a.: Tourisme et Sous-développement. In: Bull. Soc. Languedoc. de Géogr. 7, 1973, 405–414.
Central Bank of Ceylon: Review of the Economy. Jährlich. Colombo.
Ceylon Tourist Board: Annual Statistical Report. Jährlich. Colombo. 1968 ff.
Ceylon Tourist Board: Monthly Bulletin on Tourism. Monatlich. Colombo (hektogr.).
Ceylon Tourist Board: Charter Tourist Survey 1970. Colombo o.J. (hektogr.).
Ceylon Tourist Board: Survey of Foreign Tourists, Sri Lanka, Jan.–Dec. 1972. Colombo o.J. (hektogr.).
Ceylon Tourist Board: Tourism Medium-Term Plan 1972–1976. Colombo 1972 (hektogr.).
Ceylon Tourist Board: Five Year Plan for the Development of Sri Lanka Tourist Industry, 1977–1981. Colombo 1977 (hektogr.).
Ceylon Tourist Board: Tourism Plan: Abstract from the interim report of the Committee on the ... (Projektionen 1978–1984) o.O. (Colombo), April 1978.
Clement, Harry G.: The future of tourism in the Pacific and Far East. U.S. Dept. of Commerce, Washington 1961.
Cosgrove, Isabel and Jackson, Richard: The geography of recreation and leisure. London 1972.
Deffontaines, Pierre: Géographie et Religions. Paris 1948.
Department of Census and Statistics: Ceylon/Sri Lanka Yearbook (darin seit 1948 Abschn. über Tourismus). Jährlich seit 1948. Colombo.
Department of Census and Statistics: Statistical Pocket Book of Ceylon/of the Democratic Socialist Republic of Sri Lanka (darin Kap. XI: Travel). Jährlich. Colombo.
Department of Census and Statistics: Statistical Abstract of Ceylon 1967–1968. Colombo 1970.
Department of Census and Statistics: Sri Lanka Economic Atlas 1980. Colombo 1981. (keine Angaben bzw. Karten zum Tourismus)
Department of Census and Statistics: Census of population and housing, Sri Lanka – 1981. Prelim. Rel. No. 1. Colombo 1981.
Domrös, Manfred: The agroclimate of Ceylon. Wiesbaden 1974. = Geoecological Research, vol. 2.
Domrös, Manfred: Sri Lanka. Die Tropeninsel Ceylon. Darmstadt 1976. = Wiss. Länderkunden, Bd 12.

Domrös, Manfred: Der Jahres- und Tagesgang der Schwüle im Tropenklima von Sri Lanka. In: Aachener Geogr. Arb., H. 14, 1981, 123–137.
Domrös, Manfred: Das natur- und kulturgeographische Fremdenverkehrspotential für den europäischen Ferntourismus in Sri Lanka. In: Forschungsbeiträge z. Landeskd. Süd- und Südostasiens (Festschr. Uhlig). Wiesbaden 1982, 74–94. = Erdkundl. Wissen, H. 58, Bd 1.
Domrös, Manfred: Sri Lanka — Ceylon: Monsuntropische Wirtschaftsstrukturen eines Entwicklungslandes. In: Geoökodynamik 3, 1982, 89–140.
Dress, Günther: Wirtschafts- und sozialgeographische Aspekte des Tourismus in Entwicklungsländern. Dargestellt am Beispiel der Insel Bali in Indonesien. München 1979. = Wirtschaftswiss. Forschung u. Entwicklung, Bd 36.
Dube, K.K.: Tourism and pilgrimage in Varanasi. In: National Geogr. Journal of India, 14, 1968, 176–185.
Farmer, B.H.: Pioneer peasant colonization in Ceylon. London 1957.
Fochler-Hauke, Gustav (Hgb.): Fischer Weltalmanach 1982.
Frentrup, Klaus: Die ökonomische Bedeutung des internationalen Tourismus für die Entwicklungsländer. Hamburg 1969. = Probleme d. Weltwirtschaft, Hgb. A. Predöhl.
Geiger, Wilhelm: Culture of Ceylon in mediaeval times. Edited by Heinz Bechert. Wiesbaden 1960.
von Glasenapp, Helmut: Heilige Stätten Indiens. München 1928. = Der indische Kulturkreis in Einzeldarstellungen.
Goonatilake, S.: Tourism in Sri Lanka. The mapping of international inequalities and their internal structural effects. Colombo 1976.
Gormsen, E.: Cancun. Entwicklung, Funktion und Probleme neuer Tourismus-Zentren in Mexiko. In: Der Tourismus als Entwicklungsfaktor in Tropenländern. Frankfurt 1979, 299–324. = Frankf. Wirtschafts- u. Sozialgeograph. Schr., H. 30.
Government of India Ministry of Tourism & Civil Aviation: Tourist Arrivals in India — Highlights. Jährlich. New Delhi.
Grötzbach, Erwin (Hgb.): Freizeit und Erholung als Probleme der vergleichenden Kulturgeographie. Regensburg 1981. = Eichstätter Beiträge, Bd 1 — Abt. Geographie.
Grötzbach, Erwin: Zur Einführung: Binnenfreizeit- und Binnenerholungsverkehr als Probleme der vergleichenden Kulturgeographie (darin bes. Abschn. 2: Binnenerholungsverkehr und Binnentourismus in Entwicklungsländern als kulturgeograph. Problem). In: Grötzbach, E. (Hgb.): Freizeit und Erholung als Probleme der vergleichenden Kulturgeographie, Regensburg 1981, 9–37. = Eichstätter Beiträge, Bd 1 — Abt. Geographie.
Gruber, Gerald: Sambias Tourismus, abseits vom üblichen Weg. In: Der Tourismus als Entwicklungsfaktor in Tropenländern. Frankfurt 1979, 51–86. = Frankf. Wirtschafts- u. Sozialgeograph. Schr., H. 30.
Guneratne, D.P.: An analysis of tourist arrivals in 1965 and foreign exchange earnings from tourism. Colombo 1967. = Dept. of Census and Statistics, Monograph No. 14.
Hasselblatt, W.B.: Probleme des Ferntourismus in Entwicklungsländer aus deutscher entwicklungspolitischer Sicht. In: Ferntourismus 1974, 51–59.
Hasselblatt, Waldemar B.: Zum Stellenwert der Tourismusförderung des BMZ. In: Entwicklungspolitik, Materialien Nr. 54 Bonn 1976, 2–25.
Hausherr, Klaus: Kataragama — das Heiligtum im Dschungel Südost-Ceylons aus geographischer Sicht. In: Abh. Akad. Wiss. Göttingen, Phil.-Hist. Kl. 3, Nr. 108, 1978, 234–280.
Hottes, Karlheinz: Flugverkehr in Indien. In: Studien z. Allgem. u. Region. Geographie (Festschr. J. Matznetter). Frankfurt 1977, 153–182. = Frankfurter Wirtsch.- u. Sozialgeogr. Schr. H. 26.
International Bank of Reconstruction and Development (IBRD): Report of the prospects for tourism development in Ceylon. Colombo 1968.
Jayawardena, N.U.: Tourist development plan for Nuwara Eliya. o.O., Oct. 1977 (hektogr.)
Kemper, Franz-Josef: Probleme der Geographie der Freizeit. Ein Literaturbericht . . . Bonn 1978. = Bonner Geograph. Abh. H. 59.

Kerala State Planning Board: Five Year Plan, 1978–1983. vol. II, 9. Tourism. Trivandrum, Sept. 1978 (hektogr.).
Kerr, Harris, Foster and Co.: Ceylon Tourism Plan. Honolulu 1967.
Küchler, Johannes: Penang. Kulturlandschaftswandel und ethnisch-soziale Struktur einer Insel Malaysias. Gießen 1968. = Gießener geograph. Schr., H. 13.
Kulinat, Klaus: Die Typisierung von Fremdenverkehrsorten. Ein Diskussionsbeitrag. In: Hans-Poser-Festschrift, Hgb.: Hövermann u. G. Overbeck. Göttingen 1972, 521–538. = Göttinger Geograph. Abh., H. 60.
Marr, Rudolf L.: Der Tourismus in der Entwicklung von Singapore. In: Der Tourismus als Entwicklungsfaktor in Tropenländern. Frankfurt 1979, 163–188. = Frankf. Wirtschafts- und Sozialgeograph. Schr., H. 30.
Lauer, Wilhelm: Vom Wesen der Tropen. Klimaökologische Studien zum Inhalt und zur Abgrenzung eines irdischen Landschaftsgürtels. In: Akad. d. Wiss. u.d. Lit. Mainz, Abh. d Math. Naturwiss. Kl. 1975, 3.
Marby, Heidrun: Tea in Ceylon. An attempt at a regional and temporal differentiation of the tea growing areas in Ceylon. Wiesbaden 1972. = Geoecological Research, vol. 1.
Matley, Jan M.: The geography of international tourism. Assoc. of Americ. Geogr.: Washington 1976. = Resource Paper No. 76–1.
Meyer, Wolfgang: Ferntourismus. Vorstellungen über Ceylon, Kenia, Tansania, Tunesien als Urlaubsländer. Eine sozialpsychologische Untersuchung. Starnberg 1973.
(Philippine) Ministry of Tourism: Annual Report. Jährlich. o.O. (Manila, Philippines).
(Philippine) Ministry of Tourism/ Planning Service: The second tourism investment priorities plan, 1979–1982. o.O. (Manila, Philipp.) Nov. 1978.
Mitchell, N.: The Indian Hill-Station: Kodaikanal. Chicago 1972. = Research Pap. 141, Dept. of Geography, Univ. of Chicago.
Müller, Bernhard u. Susewind, Bernhard: Zur Entwicklung und räumlichen Differenzierung des Fremdenverkehrs in Mexiko. In: Der Tourismus als Entwicklungsfaktor in Tropenländern. Frankfurt 1979, 251–272. = Frankf. Wirtschafts- u. Sozialgeograph. Schr., H. 30.
Peters, Michael: International Tourism. London 1969.
Plantation Managers, Nuwara Eliya District (Hgb.): Proposals for the development of people of the Nuwara Eliya District. Report . . . on a seminar organized by Agroskills Ltd in collaboration with the Dept. of Rural Development, sponsored by the Konrad Adenauer Stiftung. o.O., o.J. (Colombo 1977, hektogr.).
Popovic, V.: Tourism in Eastern Africa. München 1972. = Afrika-Studien IFO-Inst. f. Wirtschaftsforschg., 73.
Radke, Detlef et al.: Contribution of the international tourism to the economic and social development of Sri Lanka. Berlin 1975. = Occas. Papers of the German Developm. Inst., Nr. 26.
Rathjens, Carl: Entwicklungen der Pilgerfahrt. In: Orient 4, 1963, 102–107.
Report of the subcommittee of Executive Committee of Labour, Industry & Commerce appointed to inquire into the desirability or necessity for establishment of Tourist Bureau. Colombo 1935. = Sessional Paper no. 6.
Robinson, G.W.S.: The Recreation Geography of South Asia. In: Geogr. Rev. 62, 1972, 561–572.
Robinson, H.: The Geography of Tourism. London 1976. = Aspect Geographies.
Ruppert, Karl: Zur Stellung und Gliederung einer Allgemeinen Geographie des Freizeitverhaltens. In: Geograph. Rundsch. 1975, 1, 1–6.
Ruppert, Karl: Grundtendenzen freizeitorientierter Raumstruktur. In: Geograph. Rundsch. 1980, 4, 178–187.
Ruppert, Karl u. Maier, Jörg (Hgb.): Zur Geographie des Freizeitverhaltens. Beiträge zur Fremdenverkehrsgeographie. Regensburg 1970. = Münchn. Stud. z. Sozial- u. Wirtschaftsgeogr. Bd 6.

Ruppert, Karl und Maier, Jörg: Zum Standort der Fremdenverkehrsgeographie – Versuch eines Konzepts. In: Zur Geographie des Freizeitverhaltens. Kallmünz/Regensburg 1970, 9–36. = Münchn. Stud. z. Sozial- u. Wirtschaftsgeogr. Bd. 6.

Schöller, Peter: Tradition und Moderne im innerjapanischen Tourismus. In: Erdkunde 34, 1980, 134–150.

Schürmann, Heinz: Auswirkungen des internationalen Fremdenverkehrs auf die Regionalentwicklung in Ländern der Dritten Welt. In: Der Tourismus als Entwicklungsfaktor in Tropenländern. Frankfurt 1979, 205–250. = Frankf. Wirtschafts- u. Sozialgeograph. Schr., H. 30.

Senftleben, Wolfgang: Die Entwicklung des Fremdenverkehrs in Darjeeling und Kalimpong (Nordindien). Z. f. Wirtschaftsgeogr. 13, 1969, 139–142.

Senftleben, Wolfgang: Die „Hill Stations" in Vorderindien. Z.f. Wirtschaftsgeogr. 17, 1973, 41–45.

Siemens, Jochen: Abhängigkeit und Unterentwicklung von Ceylon/Sri Lanka. Eine strukturell historische Untersuchung. Frankfurt 1980. = Münchn. Stud. z. internat. Entwicklung, Bd 1.

Sievers, Angelika: Ceylon. Gesellschaft und Lebensraum in den orientalischen Tropen. Eine sozialgeogr. Landeskunde. Wiesbaden 1964. = Geograph. Handbücher.

Sievers, Angelika: Südasien. In: Hinrichs, Emil (Hgb.), Illustrierte Welt- und Länderkunde, Bd 3, Zürich 1970, 201–258.

Sievers, Angelika: Geograph. Aspekte des Ferntourismus in Südasien. Ein Strukturvergleich von Sri Lanka (Ceylon) und Thailand. In: Kath. Bildg. 83, 1982(a), 321–333.

Sievers, Angelika: Konfliktbereiche im südasiatischen Tourismus (Beispiel Sri Lanka/Ceylon). In: Verhandl. 43. Deutsch. Geographentag Mannheim 1981. Wiesbaden 1983, 483–485.

Sievers, Angelika: Südasien und andere ausgewählte Beiträge aus Forschung und Praxis (Darin: Konfliktbereiche im südasiatischen Tourismus – das Beispiel Sri Lanka (Ceylon), 165–177). Berlin 1982(b). = Kleine geograph. Schr., 4.

de Silva, G.M.P.: Level of Utilization of Capacity and an Estimate of Room Requirement in the Hotel Industry in Sri Lanka. In: Staff Studies, vol. 7, no. 1, Hgb. Central Bank of Ceylon. Colombo 1977, 21–5/6.

de Silva, G.P.S.H.: Nuwara Eliya. The beginning and its growth. Colombo 1978.

Sopher, David E.: Geography of Religions. Englewood Cliffs, N.J. 1967. = Foundations of Cultural Geography Series.

Sopher, David E.: Pilgrim circulation in Gujarat. In: Geogr. Rev. 58, 1968, 392–425.

Spencer, J.E. u. Thomas, W.L.: The Hill Stations and Summer Resorts of the Orient. In: Geogr. Rev. 38, 1948, 637–651.

Spittel, Richard: Far-off things. Colombo 1957.

Sri Lanka, die heilige Insel des Buddhismus. Freiburg, Basel, Wien 1982. = Die Welt der Religionen, Bd.4. (Bild- und Textband).

Stang, Friedrich: Internationaler Tourismus in Indien. In: Erdkd. 33, 1979, 52–60.

Statistisches Bundesamt: Länderkurzberichte: Ceylon. Stuttgart/Mainz 1968. = Allgemeine Statistik d. Auslandes.

Statistisches Bundesamt: Länderberichte: Ceylon. Stuttgart/Mainz 1972. = Allgemeine Statistik des Auslandes.

Statistisches Bundesamt: Länderkurzberichte: Sri Lanka. Stuttgart/Mainz 1978 und 1980. = Allgemeine Statistik des Auslandes.

Studienkreis f. Tourismus (Hgb.): Urlaubsreisen 1980. Einige Ergebnisse der Reiseanalyse 1980, Kurzfassung. Starnberg 1981.

Tennent, James E.: Ceylon. An account of. . . London 1860. 2 vols.

2. Frankfurter wirtschaftsgeograph. Symposium: Der Tourismus als Entwicklungsfaktor in Tropenländern. Frankfurt 1979. = Frankf. Wirtschafts- u. Sozialgeograph. Schr., H. 30.

Tourist Organization of Thailand (T.O.T.): Statistical Report of Visitors to Thailand. Jährlich. o.O. (Bangkok).

Tourist Organization of Thailand (T.O.T.): National Plan on Tourism Development. Final Report. o.O. (Bangkok) 1976.

Tourist Organization of Thailand (T.O.T.): hektogr. Statistiken der Statistical Section. o.O. (Bangkok).
Unctad (Hgb.): Elements of tourism policy in developing countries. Report by the Secretary of... New York 1973.
United Nations (Hgb.): Statistical Yearbook 1979/80, Tabb. 144, 145: International Tourism. New York 1981.
United Nations (Commission): Tourism in Sri Lanka, Image motivation study (im Auftr. d. CTB). 2 parts, 3 vols. (Pt. I, vol. 2: u.a. B.R. Deutschland). New York 1974. Unveröff. Masch. schr.
Vorlaufer, Karl: Die Fremdenverkehrswirtschaft der Küstenzone Kenyas. Frankfurt 1977, 505–539. = Frankf. Wirtschafts- u. Sozialgeogr. Schr., H. 26.
Vorlaufer, Karl: Fremdenverkehr und regionalwirtschaftliche Entwicklung in der „Dritten Welt". Eine Fallstudie über die Küstenzone Kenyas. Frankfurt 1977, 32–49. = Frankfurter Beiträge z. Did. d. Geographie, 1.
Vorlaufer, Karl: Der Fremdenverkehr in Sri Lanka als Faktor der nationalen und regionalen Entwicklung. In: Der Tourismus als Entwicklungsfaktor in Tropenländern. Frankfurt 1979, 105–162. = Frankf. Wirtschafts- u. Sozialgeograph. Schr. H. 30.
Vorlaufer, Karl: Die räumliche Ordnung der Fremdenverkehrswirtschaft in Sri Lanka. Eine standorttheoretische und -empirische Studie zur Entfaltung des Tourismus in der Dritten Welt. In: Zeitschr. f. Wirtschaftsgeogr. 1980, 165–173 und 204–213.
Vorlaufer, Karl: Möglichkeiten und Grenzen der wirtschaftlichen Entwicklung im zentralen Bergland Sri Lankas. Wirtschaft, Bevölkerung, Beschäftigungsprobleme, Landnutzung, Tourismus. In: Wirtschaftl. Aspekte d. Raumentwicklung in außereuropäischen Hochgebirgen. Frankfurt 1981, 111–172. = Frankf. Wirtsch. u. Sozialgeogr. Schr. H. 36.
Williams, Anthony V. and Zelinsky, Wilbur: On some patterns in international tourist flows. In: Economic Geogr. 46, 1970, 549–567.
Wirz, Paul: Kataragama, die heiligste Stätte Ceylons. In: Verhandl. d. Naturforsch. Ges. Basel. Bd 65, Basel 1954, 123–177.
Withington, William A.: Upland resorts and tourism in Indonesia: Some recent trends. In: Geogr. Rev. 51, 1961, 418–423.
World Tourism Organization (WTO): Economic Review of World Tourism 1980. Madrid 1981.
World Tourism Organization (WTO): World Tourism Statistics 1978–1979. vol. 33, Madrid 1981. 2 Bde. (Tabellen f. jedes Land)